전쟁에서 일상까지 세상을 움직이는 물류 이야기
프롬 투
ⓒ서정민, 2023

초판 1쇄 2023년 8월 21일 펴냄

지은이 서정민
펴낸이 김성실
책임편집 박성훈
표지 디자인 we. and. design
제작 한영문화사

펴낸곳 시대의창   **등록** 제10 - 1756호.(1999. 5. 11)
주소 03985 서울시 마포구 연희로 19 - 1
전화 02)335 - 6125   **팩스** 02)325 - 5607
전자우편 sidaebooks@daum. net
페이스북 @sidaebooks
트위터 @sidaebooks

ISBN 978 - 89 - 5940 - 817 - 7 (03320)

모든 것의
From. To.

전쟁에서 일상까지
세상을 움직이는 물류 이야기

서정민 지음

시대의창

　세계화의 영향으로 국가와 지역 간 교역이 활발해지며 세계는 경제적으로 밀접하게 연계되었습니다. 이런 이유로 다수 국가가 참여하는 지역 간 FTA^(자유무역협정)가 등장하고 있습니다.

　지역 간 자유무역협정에는 한국, 일본, 중국, 오스트레일리아, 뉴질랜드 그리고 아세안 10개국이 참가하고 있는 RCEP^(역내포괄적경제동반자협정)가 대표적입니다.

　자유무역협정의 체결 단위가 다수 국가가 참여하는 지역 단위로 확대되면서 교역 규모가 커지고 상호 의존도가 높아졌습니다. 그만큼 공급망과 물류 체계 또한 그 규모가 커지고 복잡해졌습니다.

　수출로 먹고 사는 한국 역시 FTA 체결 상대국의 수와 규모가 증가했습니다. 다른 나라와의 연계성이 매우 높아지면서 공급망이 늘고 물류 산업 규모 또한 확대되었습니다. 이에 따라 국가 경쟁력 확보를 위해 공급망의 효율성과 물류의 중요도가 높아졌습니다.

그런데 정작 공급망과 물류에 대한 중요성이 저평가되는 실정입니다. 대개 물류는 생산과 판매 활동의 보조 수단이나 비용 증가의 원인으로 치부되는 경향이 있습니다. 심한 경우 3D 업종이니 물류 종사자들을 막 대해도 된다거나, 물류는 다른 분야의 책임을 떠안거나 대기업이 일감 몰아주기로 돈 벌 때 이용되는 분야라고 말하는 사람들도 있습니다.

물류는 이런 푸대접을 받을 이유가 하나도 없는 분야입니다. 제품 하나가 소비자에게 전해지려면 많은 과정을 거쳐야 합니다. 여러 나라와 기업이 연결된 공급망과 그 공급망의 개별 단계에 속한 물류가 빈틈없이 작동되어야 합니다. 그런데 우리는 공급망이 무너져서 생산에 차질이 생기고 소비자가 구매에 문제가 생겼을 때에야 비로소 공급망과 물류의 중요성을 깨닫습니다. 이는 물류에 관한 편견과 오해 탓에 물류가 일상생활은 물론 국가 경쟁력에 얼마나 중요한지 모르기 때문에 빚어진 결과입니다.

물류, 그리고 'SCM'이라고도 부르는 공급망관리는 인간의 역사가 시작된 이래 존재한 산업입니다. 진시황이 만리장성을, 파라오가 피라미드를 쌓을 때에도 물류와 공급망이 있었습니다. 비록, 눈에 보이지 않는 물류지만 일상에서도 큰 역할을 합니다. 제품 생산을 위한 국제 분업 체계가 강해지면서 공급망이 넓어지고 복잡해졌습니다. 덩달아 생산에서부터 판매와 유통에 이르기까지의 모든 과정에서 물류의 역할이 중요해졌습니다.

특히, 코로나19 이후 물류의 중요성은 더 커지고 있습니다. 비대면의 일상화로 온라인 상거래가 활발해지고 있지만, 이를 뒷받침하는 활동인 물류가 제 역할을 하지 못하면 이커머스^{eCommerce}라고 부르는 온라인 상거래는 그림의 떡일 뿐입니다.

물류는 '군수물자 보급' '병참'을 뜻하는 프랑스어 'logistique'에서 유래했습니다. 이 말은 고대 로마제국의 보급 담당 장교 'logistikas'와도 연관이 있습니다. 이후 프랑스어 'logistique'가 영어의 'logistics'로 변형되어 '물류' 하면 '로지스틱스'를 가리키게 되었습니다. 20세기 들어 대량 생산 체제가 자리 잡자, 이를 효율적으로 뒷받침하기 위한 물류의 중요성이 부각되면서, 물류는 현대 산업의 한 분야로 자리 매김했습니다.

물류는 로마제국 이전인 아시리아와 페르시아제국 때도 존재했습니다. 물류는 그 역사가 최소 5000년에 이릅니다. 전쟁을 위한 물품과 서비스가 전쟁터에 효과적으로 제공되는 데 초점을 둔 보급 관련 활동이 민간 경제로 확대된 분야이기 때문입니다.

원래 전쟁에 관련된 지원 분야인 군수물자 보급 활동을 가리키는 '물류'라는 단어는 일본식 용어인 '물적유통^{物的流通}'의 약어입니다. 즉, 일상생활에 필요한 물자 또는 전쟁에 필요한 물품이 수요자에게 전달되는 과정 또는 흐름에 따르는 활동을 의미합니다. 나아가 포괄적 의미의 물류는 정보와 서비스의 흐름도 포함하며, 판매자의 주문을 받아 공장에서 생산하여 출하한 재화나 서비스를 소비자에게 전달하기까지의 모든 과정을 말합니다.

소비자에게 재화나 서비스를 전달하기 위한 흐름인 물류는, 길고 복잡한 과정을 거치며 여러 관련 업무가 차질없이 수행되어야 그 흐름을 유지할 수 있습니다. 따라서 물류는 신속함과 효율성이 중요합니다. 역동성을 유지해야 합니다. 만일 그 흐름에 정체가 생기면 소비자 만족도가 떨어지게 마련입니다.

한편으로, 저는 물류가 어떤 일인지 질문을 받으면 '종합 예술'이라고 대답합니다. 흔히들 물류를 단순히 물건을 운반만 하면 끝나는 일로 생각하기 쉽습니다. 그런데 물류는 '물류비 지급 조건 결정 – 출하 – 내륙·해상·항공 운송 – 하역 – 반입 – 통관 – 재고 관리' 등 일련의 업무를 수행하는 과정입니다. 즉, 수많은 활동이 유기적으로 연결되어 있습니다. 따라서 물류는 물자 또는 정보와 서비스를 소비자에게 전달할 때까지의 흐름이 효과적으로 이뤄질 수 있도록 실행하는 행위이자, '구매 – 생산 – 운송' 등 각 분야에서 일어나는 실제적 행위입니다. 이러한 의미에서 종합 예술인 물류는, 물자나 서비스를 저렴한 가격으로 신속하게 받고 싶어 하는 소비자를 위해 답을 내놓기도 합니다.

요약하면 물류는 생산품이나 서비스를 소비자에게 전달하기까지의 과정입니다. 즉, 물류는 최적 운송 경로와 수단을 발굴해 소비자에게 물자와 서비스를 전하기 위한 활동입니다.

물류에는, 실과 바늘처럼 함께 붙어 다니는 용어가 있습니다. 바로 'SCM'입니다. SCM은 'Supply Chain Management'의 약어로

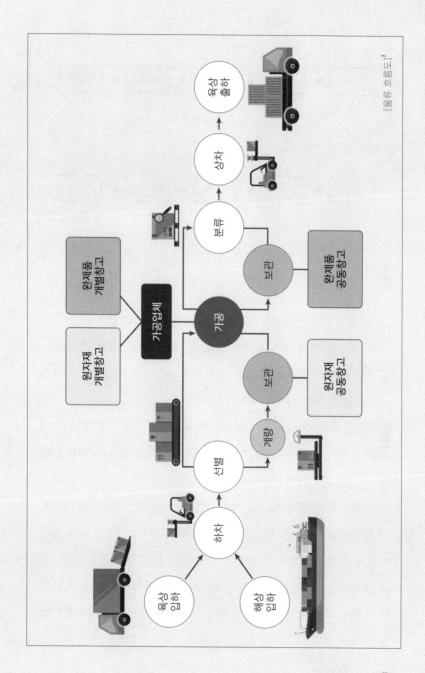

[물류 흐름도][1]

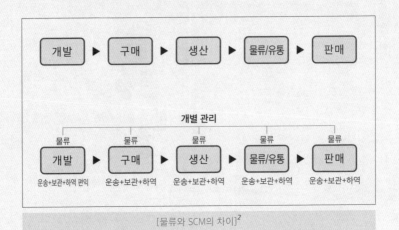

[물류와 SCM의 차이][2]

'공급망[공급사슬]관리'를 의미합니다. 공급망관리는 기업의 매출과 수익성 제고를 위해 원부자재 공급자나 판매자와 소비자 사이에 요구되는 물자와 정보의 흐름을 원활하게 하고, 그 흐름의 비효율을 제거하는 데 목적이 있습니다.

공급망관리는 '물류를 포함하는 업무'로 그 범위가 넓습니다. 제품과 서비스가 소비자에게 전해지기까지 단계별 흐름을 맡은 기업이나 조직[공급망] 사이, 또는 공급망 안의 기능체들을 연결해 흐름을 원활하게 하는 업무입니다. 과다 재고와 공급 경로 단축 등 비효율성을 줄이고 정시성[정해진 시간 엄수]과 수요 예측 정확도 제고 등을 통해 기업의 경쟁력 강화를 추구하는 활동입니다. 공급망관리는 분야별로 중시하는 구간이 다릅니다. 과일 같은 신선식품 유통업은 신선도가 핵심이기 때문에 유통과 재고 관리가 중요합니다. 의류 사업

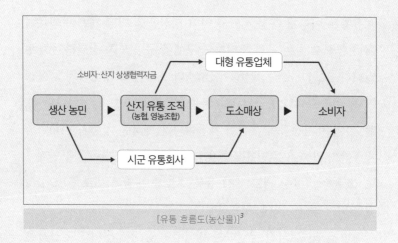

[유통 흐름도(농산물)][3]

은 수요 예측과 품질 유지를 위한 생산 관리를 중시합니다.

'그러면 물류는 유통이네'라고 생각할 수 있습니다. 그러나 물류와 유통은 다릅니다. 관리사 자격증 시험도 각각 따로 있습니다. 《경북매일》에 실린 〈유통업이란?〉 기사에 따르면, 유통은 제품과 서비스가 판매 활동과 중간 경로를 거쳐 소비자에게 전해지기까지의 진행 과정으로, '제품과 서비스의 효용성과 부가가치를 올리는 과정'으로 정의합니다.[4]

조선의 실학자 박지원이 쓴《열하일기》에는 조선은 도로와 수레가 미비해서 해안가는 생선을 거름으로 쓰는데 내륙 지역은 소금에 절인 생선도 보기 어렵다고 한탄하는 문장이 나옵니다. 조선이 도로와 유통망을 갖추고 있었다면 해산물이 비료가 되는 대신 제값을 받고 팔렸을 것이고 어민들 소득도 늘었을 것입니다.

유통은 이렇게 특정 지역의 잉여 생산품을 해당 제품이 부족하거나 필요로 하는 곳의 소비자도 구매할 수 있도록 전달하는 행위입니다. 그럼으로써, 제품과 서비스의 효용성과 부가가치를 올리는 동시에 수요와 공급의 불균형을 해소하는 데도 기여합니다. 또한, 기업은 자신들이 생산한 제품이나 판매하는 상품과 서비스를 제공하기 위한 유통 단계를 최소화해 소비자에게 만족감을 안겨주고, 효율적인 유통 경로나 새 유통 경로를 개발해 새로운 소비 시장을 열어 신규 가치를 창출합니다.

예를 들어, 24시간 영업하는 편의점이 등장해 심야에도 물품을 구매할 수 있게 되자 소비자 만족도가 높아졌습니다. 동시에 제품 구매 가능 시간이 늘어나 더 많은 물품을 소비자가 구매하게 되었습니다. 그만큼 기업 매출도 늘었습니다.

이런 유통에 관련된 일을 업으로 삼는 회사가 있습니다. 일반 소비자 입장에서 다소 생소하게 들리는 물류 회사와 달리 유통 회사는 백화점, 마트, 편의점 등을 통해 소비자가 일상에서 매일 접할 수 있습니다.

이 책에서는 물류가 어떻게 생겨났는지, 우리 일상에 얼마나 크게 영향을 미쳤는지, 그리고 어떻게 발전하고 있는지 등을 소개합니다. 역사에 남은 여러 기록과 최근의 사례를 들어 물류에 관한 다양한 이야기를 전하고자 합니다.

전투식량과 물류

To. 오늘날 물류 이야기

From.
역사 속 물류
이야기

Napoleon leading his army
Jan Van Chelminski

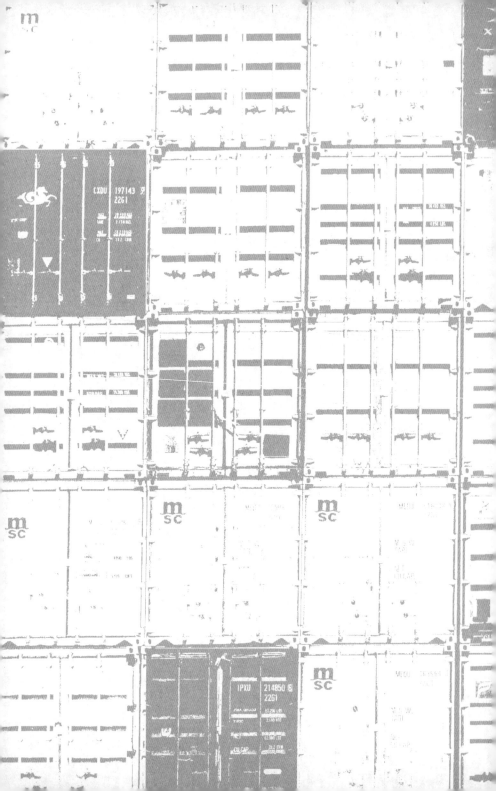

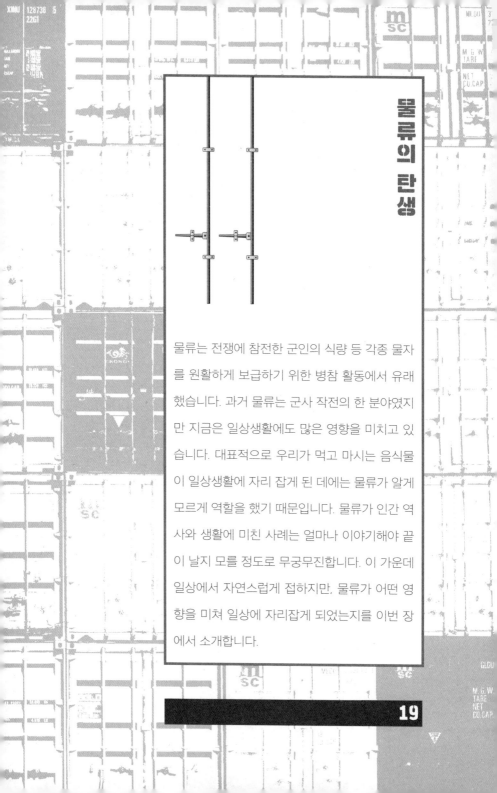

물류의 탄생

물류는 전쟁에 참전한 군인의 식량 등 각종 물자를 원활하게 보급하기 위한 병참 활동에서 유래했습니다. 과거 물류는 군사 작전의 한 분야였지만 지금은 일상생활에도 많은 영향을 미치고 있습니다. 대표적으로 우리가 먹고 마시는 음식물이 일상생활에 자리 잡게 된 데에는 물류가 알게 모르게 역할을 했기 때문입니다. 물류가 인간 역사와 생활에 미친 사례는 얼마나 이야기해야 끝이 날지 모를 정도로 무궁무진합니다. 이 가운데 일상에서 자연스럽게 접하지만, 물류가 어떤 영향을 미쳐 일상에 자리잡게 되었는지를 이번 장에서 소개합니다.

근대 영국 음식과 물류

 '영국' 하면 '신사의 나라', '해가 지지 않는 제국', '셰익스피어', '바바리코트' 등이 떠오릅니다. 차를 좋아하시는 분들이라면 홍차, 그중에서도 밀크티가 생각날 것입니다. 그런데 밀크티는 물류와 관계가 깊습니다.

 영국인이 홍차를 즐겨 마시게 된 데에는 포르투갈 공주이자 영국 왕 찰스 2세의 왕비 캐서린 브라간사Catherine of Braganza의 기여를 빼놓을 수 없습니다. 1662년 찰스 2세의 왕비가 된 캐서린은 영국으로 시집 갈 때 차와 설탕을 혼인 선물로 가져갔습니다. 가야의 시조 김수로왕의 왕비이자 인도 아유타국 공주였던 허황후가 시집을 때 혼수품으로 차 씨를 가져와서 한국에 차 문화를 전했다는 이야기가 있습니다. 이를 보면, 동서양을 막론하고 차가 귀한 음료였음을 알 수 있습니다.

캐서린은 차에 당시 은과 같은 가치를 지닌 설탕을 넣어 마시는 차 문화를 영국 상류 사회에 알리는 문화 전도사 역할을 했습니다. 물론, 당시에는 차도 설탕 못지 않은 고가품이어서 지위가 높은 왕족이나 귀족이라 해도 마음껏 마실 수는 없었습니다. 일반 국민에게는 그림의 떡과 같았지요. 산업혁명이 시작된 18세기 중반에 들어서자 홍차와 설탕이 대량으로 영국에 들어옵니다. 코코아도 수입했지만 1727년 서인도제도에 태풍이 불어 코코아 수입이 어려워지자, 그제야 비로소 홍차가 영국의 국민 음료로 정착합니다.

한편, 영국인이 밀크티를 즐겨 마실 수 있게 된 데에는 두 가지 까닭이 있습니다.

첫째로 보관 시설의 미비를 들 수 있습니다. 18세기 들어 영국에서 홍차가 대중화하자 홍차 수요가 늘었습니다. 필연적으로, 차를 재배하는 나라인 중국과 인도에서 찻잎을 수입해야 했습니다. 그런데 18세기에는 냉장·냉동 시설이 없었지요. 즉, 찻잎을 신선한 상태로 보존할 수 없었습니다. 중국이나 인도에서 구매한 찻잎을 배에 그냥 실은 채 항해했습니다. 중국이나 인도에서 녹색이던 찻잎은 항해 도중 인도양의 고온다습한 기후에 영향을 받아 변색되고 맙니다. 영국에 도착했을 때는 찻잎이 검게 변했습니다.

이 이야기가 홍차가 탄생하게 된 배경이라고 알려졌습니다. 만약, 당시 냉장·냉동 컨테이너가 있었다면 찻잎이 운반되는 동안 변색될 일이 없었을 것입니다. 그러면 아마도 영국인도 녹차를 마

밀크티 image by Freepik

실 수 있었겠지요. 역사에 가정은 없다지만, 그랬다면 영국에서 홍차가 더 좋으냐 녹차가 더 좋으냐 하는 논쟁도 있었을 것입니다.

둘째로는 물류, 특히 높은 운송 비용을 들 수 있습니다. 15세기 유럽에서 시작한 대항해 원정으로 인해 동서양의 교역이 활발해졌습니다. 하지만 당시의 기술 수준으로는 지금과 같은 속도로 대륙과 대륙을 오갈 수 없었습니다. 게다가 선박은 태풍과 같은 재난에 취약하기 때문에 위험도가 높았지요. 상황이 이러하니, 동양에서 건너오는 물건은 물류비가 높을 수밖에 없었습니다. 이 탓에 동양 물건은 영국에서 비싼 값에 팔릴 수밖에 없었지요.

홍차 역시 예외가 아니었습니다. 그럼에도 불구하고 홍차가 대중 음료가 된 것은 산업혁명과 관계가 있습니다. 18세기 영국은 증기기관의 발명으로 산업혁명이 시작되었습니다. 공장이 생기면서 근로자가 많이 필요했습니다. 식민지 개척에 나선 까닭이 원자재를 싸게 사들이고 제품을 비싸게 팔 시장이 필요했기 때문이지만, 노동력 확보 또한 그 주요한 목적이었습니다. 그런데 공장에서 일해야 하는 노동자가 술 마시고 결근하거나 숙취 탓에 생산성이 떨어지는 일이 잦았습니다. 이를 막기 위해 영국 정부는 술 대신 홍차 마시기를 권장하려고 홍차에 부과하는 세금을 낮추기로 합니다. 이러한 시대적 배경 속에서 영국에서는 차 문화가 대중적으로 발달하는 계기가 마련되었습니다.

하지만, 홍차가 전해진 초기에는 왕족이나 귀족도 마냥 마실 엄두를 못 낼 만큼 값이 비쌌습니다. 가격을 낮추는 데도 한계가 있었습니다. 그러다 보니 값싼 양젖을 홍차에 부어 양을 늘려 마시는 방법이 생겼습니다. 이를 계기로 영국에서는 밀크티가 자리를 잡았습니다. 만약, 당시 영국 선박의 성능이 더 좋았거나 냉장 시설을 갖추었다면 영국인은 녹차도 마셨을 겁니다.

영국인의 주식이다시피 하는 피시앤드칩스^(생선튀김과 감자튀김)가 자리를 잡게 된 것도 물류와 관련이 있습니다. 산업혁명 덕분에 대량 어획과 대량 수송이 가능해졌기 때문입니다. 피시앤드칩스에 식초를 뿌리는 것도 냉장 시설과 관련이 있습니다.

피시앤드칩스 ©Matthias Meckel

산업혁명이 시작된 근대 영국에서는 면직 공장에서 나오는 부산물 가운데 식용유로 사용할 수 있는 면실유를 싸게 살 수 있었습니다. 트롤 어선 또한 증기기관을 장착할 수 있었기 때문에 선박 성능이 향상되어 북대서양 등 북해 지역의 생선을 대량으로 잡을 수 있었습니다. 또, 증기기관차가 발명돼 항구에 입항한 생선을 신속하게 운반할 수 있었습니다. 낮은 가격으로 생선[주로 대구]과 감자를 튀김 음식으로 조리해 판매할 수 있었지요. 18~19세기 영국의 노동환경이 열악한 탓에 노동자들은 집에 조리 기구를 제대로 갖출 수 없었습니다. 그러니 밖에서 사 먹을 수 있는 피시앤드칩스가 인기를 끌었습니다.

싼 가격에 끼니를 때우는 것까지는 좋았습니다. 문제는 다른 데 있었습니다. 냉장 시설이 없던 당시에는 생선 신선도가 엉망이었습니다. 길거리 음식은 싼 가격에 배를 채우려고 먹는 터라 신문지나 종이에 싸서 팔았습니다. 같은 면실유를 쓴다고 해도 길거리 음식 조리에 쓰이는 기름의 질이 좋을 리 없었습니다. 식재료 품질과 신선도가 엉망이다 보니 피시앤드칩스에서 이상한 냄새가 났습니다. 배가 고파도 그냥 먹기엔 고역스러울 정도였습니다. 사람들은 검은 맥아^(몰트) 식초를 피시앤드칩스에 뿌려서 나쁜 냄새를 잡기 시작했습니다. 이것이 식습관으로 자리 잡으면서 피시앤드칩스에 식초를 뿌리는 문화가 생겼습니다. 맛이 부드러워져서 식초를 뿌린다고 들은 적이 있는데, 실제로는 고약한 냄새를 없애기 위해 뿌린 것입니다. 제대로 된 냉장 시설이 있었다면 튀김옷이 눅눅해지는 걸 감수하면서까지 피시앤드칩스에 식초를 뿌리는 문화가 생기지 않았을 것입니다.

슈퍼마켓의 탄생

우리는 물건을 주로 대형 마트와 편의점, 온라인 쇼핑몰에서 구입합니다. 하지만 여전히 그 자리를 슈퍼마켓이 보완해주고 있습니다. 그런데, 슈퍼마켓은 어떻게 탄생했을까요?

슈퍼마켓은 1930년 미국 뉴욕에 처음 등장했습니다. 최초의 슈퍼마켓은 '킹컬렌King Kullen'으로 아일랜드계 미국인 마이클 컬렌Michael J Cullen이 세웠습니다.

지금은 슈퍼마켓이나 대형 마트를 방문한 고객들이 바구니를 들거나 카트를 끌고 다니며 물건을 골라 담습니다. 사실 이는 킹컬렌 슈퍼마켓이 생기기 전에는 생소한 풍경이었습니다.

1930년까지 미국에서는 식료품이나 일상 용품을 주로 잡화점에서 구입했습니다. 잡화점을 방문한 소비자가 물건을 직접 고르는 게 아니라 소비자가 원하는 물건을 주인이나 직원이 찾아주었습니다. 소비자는 사고 싶은 물건을 말하고 주인이 물건을 찾을 때까지 기다려야 했습니다. 그러다 보니 물건을 찾을 때까지, 그리고 계산을 마칠 때까지 기다려야 했지요. 시간이 오래 걸렸습니다. 더구나 한참을 기다렸는데 물건이 없는 경우도 있었습니다. 소비자는 시간만 뺏기고 다른 매장으로 발길을 돌려야 했습니다.

물론, 대형 잡화점은 많은 직원을 고용해서 대기 시간을 줄이려고 노력했습니다. 하지만 고객 수만큼 직원이 있지는 않아 일대일로 응대할 수 없었습니다. 설령 일대일로 고객을 응대하더라도 그만큼 인건비가 늘어 앞에서 돈 벌고 뒤로는 골병이 드는 구조였습니다.

마이클 컬렌은 잡화점의 판매 방식을 밑바닥에서부터 경험했습니다. 훗날 최초의 슈퍼마켓을 세울 토대를 쌓은 셈입니다. 가난한 아일랜드계 이민자 출신인 컬렌은 19세인 1902년부터 대형 식료품 소매업체인 A&P(아틀라스해-태평양 차 회사)에서 일하며 부서장으로 진급합니다. 가정 형편이 어려워 학교도 제대로 못 다녔지만, 오랜 현장 경험 덕에 대형 체인 잡화점인 크로거그로서리앤드베이킹(Kroger Grocery & Baking Co.)의 관리자로 근무할 수 있었습니다.

그는 30세이던 1913년부터 점원이 일일이 물건을 골라주는 기존 판매 방식에 문제가 있다고 느꼈습니다. 차라리 넓은 매장에 다양한 상품을 갖춰놓고 소비자가 물건을 고를 수 있게 하는 편이 낫다고 판단했습니다. 그러면 상품을 싸게 팔더라도 비용이 절감되어 매출이 오를 것이라 보았습니다.

　이후 그는 대형 잡화점 체인이며 최초로 자체 제과점을 소유한 크로거그로서리앤드베이킹의 일리노이주 헤린 지점에서 일하게 됩니다. 때를 기다린 그는 경력이 쌓이고 직위도 올라가자 크로거그로서리앤드베이킹의 최고 경영자 윌리엄 앨버스 William Albers에게 판매 방식 개선안을 편지로 건의했습니다. 그리고 자신의 돈 1만 5000달러를 투자하겠다고 했습니다. 신시내티에 있는 본사로 자신을 불러주면 상세한 내용을 설명하겠다고 했습니다.

　하지만 편지는 전해지지 않았습니다. 답신을 받지 못하자 컬렌은 자신이 직접 매장을 열기로 마음 먹습니다. 물론, 이 결정은 큰 모험이었습니다. 대기업 중견 관리자라는 자리를 포기하고 새로운 시도를 한다는 것이었으니까요.

　가족과 주변 사람들의 만류를 뒤로하고 자신의 생각을 실행에 옮기는 것은 보통 어려운 일이 아니었습니다. 무엇보다 당시 그는 47세였습니다. 보통 사람 같으면 정년까지 직장 잘 다닐 생각을 했을 것입니다. 게다가 그가 결심한 1930년은 대공황이 일어난 다음 해였습니다. 기업이 도산하고 실업자가 넘쳐나던 시기였습니다. 사람들의 구매력은 바닥이었지요. 새로운 사업을 시작하기에는 부정적인 시기였습니다.

　결과적으로 마이클 컬렌은 발상의 전환으로 성공을 거뒀습니다. 대공황은 기회로 작용했습니다. 자산을 팔려는 기업이나 사람이 많아 건물과 부지를 낮은 가격에 확보할 수 있었습니다. 그래도 여

최초의 슈퍼마켓 킹컬렌 ©King Kullen

전히 땅값 비싼 뉴욕이라 그는 뉴욕 외곽 자메이카 거리의 헌 차고에 슈퍼마켓을 개업합니다. 개업 전 식료품 도매 기업인 스위트라이프식품Sweet Life Foods Corp 의 부사장인 해리 소콜로프Harry Socoloff 와 협력 관계를 구축해서 상품 공급망도 구축해두었습니다. 이 협력 관계는 재고 관리를 안정적으로 하기 위함이었습니다.

마이클 컬렌이 채택한 도심 외곽에 매장을 내는 방식은 훗날 월마트를 유통업의 대명사가 되도록 이끈 월마트 창업주 샘 월튼Samuel M. Walton의 전략과 비슷합니다. 고객 접근성이 떨어진다는 단점이 있지만 미국의 자동차 보급률을 생각하면 단점을 충분히 상쇄할 수 있었습니다. 이 전략은 무엇보다 대공황으로 인해 많은 기업과 자영업자가 도산하면서 낮은 가격에 건물과 부지를 매입할 수 있는데다, 경쟁자들과의 직접 충돌을 피하는 효과도 있었습니다. 외곽 지역에 슈퍼마켓을 운영하면서 비용이 절감되었을뿐더러 블루오

션을 개척하는 데에도 도움이 되었을 것입니다. 또한 매장보다 넓은 주차장을 확보한 킹컬렌 슈퍼마켓의 구조를 생각하면 마이클 컬렌은 자동차가 대중화되어 더는 접근성이 문제되지 않는다는 점을 간파했을 것입니다. 소비자를 끌어들이기 위해서는 더 넓은 주차장이 필요할 뿐이었습니다.

개업 준비를 무사히 마친 마이클 컬렌은 신문에 광고를 냈습니다. 킹컬렌 매장을 방문하면 물건을 비싸게 살 필요가 없고 카트와 포장재를 제공할 테니 사고 싶은 만큼 상품을 카트에 담아 계산대로 오기만 하면 된다는 내용이었습니다. 이 광고는 사람들의 관심을 끌었습니다. 그는 실제로 매장을 방문한 손님들에게 업계 최초로 쇼핑용 손수레와 구매 물품 포장에 필요한 종이 봉투를 제공했습니다. 손님들은 카트를 끌고 다양한 물건이 있는 매장을 돌아다니면서 사고 싶은 물건을 골라 계산대에 가져가기만 하면 되었기 때문에 편리했습니다.

컬렌은 상품을 몇 개씩 묶어서 파는 박리다매 전략을 구사해 낮은 수익률을 상쇄할 수 있었습니다. 대공황으로 많은 미국인이 씀씀이를 줄여야 했지만, 킹컬렌의 상품은 대부분 생활에 꼭 있어야 하는 필수품이었습니다. 낱개로 살 수는 없었지만 소비자도 토 달지 않고 샀기 때문에 박리다매 전략이 제대로 먹혔습니다. 킹컬렌 마켓을 방문한 뒤 광고가 장난이 아니었다는 걸 경험한 손님들은 킹컬렌에 재방문했습니다. 수십 킬로미터 떨어진 지역에서도 차를 몰고 방문하는 손님이 늘었습니다. 맛집 소문 나듯, 킹컬렌은 입소

문을 타고 유명해졌습니다.

물건을 골라주는 직원이 없는 킹컬렌은 다른 잡화점들보다 인건비를 30~50퍼센트 정도 절감해 가격 경쟁에서 우위를 점했습니다. 대공황으로 도산한 공장에는 재고가 쌓였고 살아남은 기업은 재고 과다로 울상인 참에, 이들에게 킹컬렌은 구세주와 같았습니다. 킹컬렌 슈퍼마켓이 최대한 싼 가격에 물건을 구매하는 터라, 제조사는 이익이 적었지만 재고 관리비를 줄일 수 있다는 점에서 크게 도움이 되었습니다. "상품을 산더미처럼 확보해두었다가 고객들에게 저렴한 가격에 판매하자^{Pile it high. Sell it low}"는 킹컬렌 슈퍼마켓의 구호처럼, 저렴한 상품을 소비자가 편리하게 살 수 있도록 하겠다는 창업 목적을 이룬 것입니다.

어떻게 보면 항상 저렴한 가격으로 구매하게 한다는 월마트의 경영전략과도 비슷해 보입니다. 실제로 킹컬렌 슈퍼마켓이 등장하자 가격 경쟁을 이기지 못한 잡화점들이 타격을 받았습니다. 월마트 탓에 슈퍼마켓이 밀린 사실을 떠올리면 전략의 유사성을 떠올릴 수 있습니다.

킹컬렌 슈퍼마켓의 성공에는 다른 요인도 있습니다. 규모의 경제와 물류 산업의 발전 등입니다. 기존 잡화점과 달리 킹컬렌 슈퍼마켓은 공간적인 면에서 경쟁사보다 우월했습니다. 대량의 상품 진열과 구매가 가능하니, 가격 경쟁력에서는 절대적 우위를 확보할 수 있었습니다.

한편으로는 미국의 산업 변화 또한 슈퍼마켓의 탄생을 도왔습니다. 1920년대는 미국 경제가 본격적으로 발전하기 시작한 시기입니다. 기술도 크게 발전한 2차 산업혁명 시기였습니다. 물류 분야만 하더라도 화물을 쌓아놓는 받침대인 팰릿^{pallet}에 올린 화물을 한 번에 운반할 수 있는 지게차가 최초로 등장했습니다. 일반 근로자도 석 달치 월급만 모으면 차를 살 수 있을 때여서 물류는 물론 모든 분야에서 자동차 수요가 크게 늘던 시기였습니다.

1920년대 미국 자동차 산업은 부품의 표준화와 컨베이어벨트 도입으로 생산성이 향상되었습니다. 이 덕분에 대량 생산이 가능했습니다. 부자나 귀족의 취향을 겨냥한 맞춤형 수제차가 주류였던 유럽과 달리 미국은 자동차 가격이 낮았습니다. 이런 차이로 미국의 자동차 대량 생산 체제가 조밀한 철도망과 결합해 미국의 물류 산업은 대량 운송을 통해 효율성 제고와 비용 절감 효과를 누릴 수 있었습니다.

1929년에 시작된 대공황으로 경제 침체가 심각했지만, 한편으로는 기술이 발달하고 산업 능력이 성장하는 시기이기도 했습니다. 이때에 탄생한 슈퍼마켓은 거침없이 성장할 수 있었습니다. 무엇보다 혁신적 판매 기법에 자동차 보급률 증가와 같이 대량 운송과 소비를 가능하게 해주는 효율적인 물류 체계가 이를 뒷받침했습니다.

조금이라도 싼 물건을 사려고 한 소비자 욕구를 간파한 킹컬렌 슈퍼마켓은 개장 직후 사람들의 큰 호응을 얻었습니다. 개업 첫 해부터 사람들의 관심을 받은 킹컬렌 슈퍼마켓은 개업 2년 차이던

1931년에 뉴욕 자메이카 거리에 있는 1호점을 포함해 매장을 여덟 곳으로 확대합니다. 가게 광고판에 "가격 파괴자Price Wrecker"라고 써 붙인 대로 저가 판매 전략을 내세운 점이 소비자에게 제대로 먹힌 덕에 대성공을 거뒀습니다.

킹컬렌 슈퍼마켓이 예상을 뛰어넘는 성공을 거두자 소위 '따라쟁이' 카피캣copycat 격의 다른 슈퍼마켓들이 생겨나기 시작했습니다. 경쟁업체가 등장하면서 문구와 그릇, 자동차 용품 등 판매 상품이 다양해지는 등 경쟁이 격화했습니다. 덩달아 슈퍼마켓 산업의 시장 규모 역시 커졌습니다. 슈퍼마켓 산업이 본격 성장하자 마이클 컬렌은 신흥 재벌로 올라섰습니다. 그는 매장을 열일곱 개까지 늘렸습니다.

한편, 킹컬렌 슈퍼마켓이 큰 성공을 거뒀지만 중소형 유통 체인점과 잡화점은 슈퍼마켓이 등장한지 10년도 안 되는 사이 줄줄이 도산했습니다. 위기감을 느낀 소형 유통 전문 체인점들은 슈퍼마켓 성장을 견제하기 위해 '슈퍼마켓 광고 금지'와 '슈퍼마켓의 공격적인 가격 할인 금지'를 신문에 주장했습니다. 하지만 미국 정부는 이들의 청원을 신경 쓰지 않았습니다. 이들에게는 슈퍼마켓의 저가 공세에 대응할 수단이 마땅치 않았습니다. 1936년부터 1939년까지 3년간 미국의 소형 유통 전문 체인점 30퍼센트 이상이 폐업하거나 도산했습니다.

이런 부작용이 있었지만, 미국에서 1930년에 처음 등장한 슈퍼마켓은 성장을 거듭했습니다. 이윽고 다른 나라에서도 슈퍼마켓이

한국 최초의 슈퍼마켓 '뉴-서울 수퍼마키트' ©서울기록원

등장했습니다. 일본에서는 1957년 '다이에^{ダイエー} 슈퍼마켓'이 등장
했습니다. 한국에서는 1964년에 외국인을 대상으로 '포리너 슈퍼
마켓'이 문을 열었습니다. 내국인을 대상으로 한 본격적인 슈퍼마
켓은 4년 뒤인 1968년에 등장했습니다. 서대문구 중림동 브라운
스톤 아파트 자리에 문을 연 '뉴-서울 수퍼마키트'입니다. 이후 한
국에서는 경제 성장과 더불어 주거 형태가 아파트로 바뀌면서 슈
퍼마켓은 아파트 단지를 배후로 성장을 거듭했습니다.

  이렇게 성장한 슈퍼마켓은 다른 산업에도 영향을 미쳤습니다.
현재 세계 자동차 시장에서 부동의 1위인 토요타의 재고 관리 방
식인 JIT를 예로 들 수 있습니다.

  오노 다이이치^{大野耐一} 토요타 자동차 공장장은 1956년에 미국에

서 진열대가 비면 즉시 상품을 보충하는 슈퍼마켓의 재고관리 방식을 눈여겨보았습니다. 이 방식이 토요타의 생산관리에도 도움이 될 것이라고 생각한 것입니다. 토요타 자동차는 효율성 향상을 위해 생산라인에 슈퍼마켓의 재고관리 방식을 도입합니다. 생산 부품을 필요한 양만큼만 제공하는 재고 최소화를 통해 비용을 절감하고 생산성을 향상시켰습니다.

　슈퍼마켓은 이처럼 혁신적이었습니다. 하지만 지금은 대형 할인점에 밀려 존재감이 많이 떨어진 상태입니다. 그나마 구매력과 매장 규모에 경쟁력이 있어, 편의점과 대형 할인마트 중간에 존재 가치를 유지하고 있습니다. 슈퍼마켓이 처음 세상에 등장했을 때보다 위상이 많이 떨어졌지만, 그 나름의 존재 가치가 사라지지 않는다면 오랜 뒤에도 슈퍼마켓을 볼 수는 있을 것입니다. 최근에는 구매와 물류 체계를 공동으로 이용하고 무인계산대를 갖추는 등, 경쟁력을 제고하면서 생존 방안을 모색하고 있습니다. 혜성처럼 등장한 슈퍼마켓이 하루아침에 사라지지는 않을 것입니다.

우유와 유통 기한

　영양분 가득한 음식 하면 '우유'를 떠올리는 사람이 많습니다. 우유는 오랫동안 보관할 수는 없지만, 냉장고가 등장하고 신선식품을 산지에서부터 소비자에게까지 원활하게 공급해주는 콜드체인 Cold Chain이 발달해 우유 역시 장기 보존이 가능해졌습니다.

　우유 용기 겉면에는 유통기한이 있습니다. 참고로 유통기한은 식품의 유통과 판매가 가능한 날짜입니다. 유통기한이 지났어도 일정 기간은 해당 식품을 먹고 마셔도 배탈이 날 가능성이 적습니다. 실제로 식품의약품안전처와 한국소비자원의 조사 결과, 유통기한이 조금 지난 식품은 먹거나 마실 수 있는 것으로 나왔습니다. 식품 유통기한은 정해진 기한 내에 먹어야 하는 기한이 아니라 판매와 유통에 문제가 없는 기한을 의미합니다.

그런데, 이 식음료 제품의 유통기한을 누가 고안했을까요? 냉장고가 발명되고 가공 식품이 본격 유통되기 시작한 19~20세기에 어느 식료품 회사가 처음으로 유통기한을 고안했을까요? 놀랍게도 이를 처음으로 착안한 사람은 '스카페이스scarface'로 불렸던 마피아 두목 알 카포네Al(phonso) Capone입니다.

알 카포네 하면 볼스테드법Volstead Act이라는 금주법이 떠오를 텐데요, 세상 어이없는 법이 미국에서 1920년에 제정한 이 금주법입니다. 이 법 탓에 많은 사람이 술을 구할 방법을 찾아야 했습니다. 금주법은 미국 주력 산업 가운데 하나인 주류업을 죽이는 짓이었지만, 마피아의 급성장에 크게 기여했습니다. 금주법 탓에 술의 제조와 판매, 유통과 무역이 불법이었기 때문에 주류업이 마피아의 사업이 될 수 있었습니다. 수요는 여전한데 공급이 거의 없어 불법으로 제조해서 파는 술은 부르는 게 값이었습니다. 불법이라 세금을 내지도 않았고 파는 대로 돈을 벌 수 있었습니다.

알 카포네는 술 장사를 통해 벌어들인 돈으로 정계, 의회, 법조계 등에 전방위로 로비합니다. 자신의 사업에 해가 가지 않게 비호 세력을 형성한 것이지요. 알 카포네는 금주법이 유명무실한 상태라는 점을 간파했습니다. 언젠가는 술 판매와 소비가 불법이 되지 않을 것이기에 미리 새로운 사업을 찾아서 준비해야 한다는 점을 알았습니다. 그 사업 대상이 바로 우유였습니다.

마피아 두목이 우유 사업을 생각했다는 게 이해되지 않을 수 있습니다. 하지만 1920년대만 해도 미국의 우유 품질과 유통 체계는

알 카포네 ©MAV Villagrasa

엉망이었습니다. 당시 미국에서는 지금 한국의 중장년층이 어릴 적 보았던 만화영화 〈플란다스의 개: 나의 파트라슈〉에 나오는 장면처럼, 우유를 담은 양철통이나 유리병을 사람이나 가축이 끄는 수레에 싣고 배달했습니다. 그러다 보니 유통 속도가 느려 소비자에게 전달되기까지의 시간이 오래 걸린 데다가, 냉장 시스템이 없다 보니 우유는 금방 상했습니다.

더구나 서양등골나물이라는 독초를 먹은 소가 걸리는 '우유병^{milk sickness}'이 노스다코타주와 와이오밍주 등 미국 중부에서 발생했습니다. 우유병에 걸린 소가 생산한 우유와 상한 우유는 사람의 목숨을 앗아갈 정도였습니다. 링컨 대통령의 어머니도 사망 원인이 우유병이었다고 합니다. 아홉 살이란 어린 나이에 어머니를 잃은 링컨 대통령은 그 충격으로 오랫동안 우유를 안 마셨다고 합니다.

상황이 심각함을 다들 인식하고 있었지만, 정치인들은 유통업자들을 비호하고 두둔했습니다. 그러니 우유 품질과 유통 체계 개선은 꿈도 꿀 수 없었습니다. 이 문제는 20세기 들어서도 계속됐습니다. 미국 정부도 우유 품질 관리제를 도입하고 법령을 제정하려는 시도를 했습니다. 하지만 1920년대 미국의 낙농업 단체들이 필사적으로 로비 활동을 벌여 우유 품질 관리 강화 여론을 무마시켜버렸습니다. 더 이상 우유 품질 관리를 바랄 수 없었습니다.

한편, 가족이 우유를 먹고 병이 난 경험을 했던 알 카포네는 우유 사업이 밀주 사업보다 안전하고 합법적으로 큰돈을 벌 수 있겠다고 판단을 내렸습니다. 마침 그는 밀주 운송용 냉장 차량을 가지고 있어 따로 투자할 필요도 없었습니다.

그런데 알 카포네가 우유 사업을 구상하고 있음이 알려지자 축산 농가를 비롯한 유통업자들은 밥그릇을 뺏길 거란 생각에 동요했습니다. 막강한 자금력은 기본이고 각계에 강력한 비호 세력이 있는 마피아 조직이 우유 사업에 진출하면 자신들이 망하는 건 시간 문제였습니다. 낙농업자들에게 이 소식은 한마디로 날벼락이었습니다. 낙농업자들이 로비에 나섰지만 알 카포네는 우유조합장을 납치해 로비 시도를 원천 봉쇄하고 몸값까지 뜯어냈습니다. 결국 낙농업자들의 반발을 진압한 알 카포네는 유제품 업계에 발을 들입니다.

알 카포네는 먼저, 마피아가 주도하는 낙농조합을 만들어 축산업자들을 가입시켰습니다. 품질 좋은 우유를 유통하기 위함이었습니다. 또 질 좋은 우유를 납품받으려고 축산농가에 조직원들을 배치해 작업을 감독하게 했습니다. 그러다가 영 안되겠다 싶으면 농장을 몰수하기도 했습니다. 농장을 빼앗겼음에도 알 카포네와 거래하는 이상 그의 비위를 건드려서 좋을 게 없다는 점을 낙농업자들은 알고 있었습니다. 잘못하면 저수지 밑바닥에서 발견될 게 뻔했기 때문입니다.

폭력적이지만 우유 품질을 확보한 알 카포네는 품질을 오래 유지하기 위해 우유를 냉장 차량에 실어 저온으로 운반하는 획기적인 시도를 합니다. 또한, 안정적인 공급망을 구축하려고 운수노조를 총과 돈을 앞세워 무력화시켰습니다. 그동안 말도 안 되게 비쌌던 냉장 화물 수송 운임도 협상을 가장한 '협박'을 통해 낮추었습니다. 그렇게 그는 배송의 정시성을 확보하고 전국적인 유통망을 구축할 수 있었습니다.

여기서 멈추지 않고 알 카포네는 '우유유통기한법'을 만들기 위해 시카고 시의회에 로비를 합니다. A등급 우유의 정의 규정과 우유 용기에 유통 기한을 의무적으로 표기하게 하는 법안을 만들게 한 것입니다. 나아가 우유조합장 '몸값'으로 '미도우무어 Meadowmoor'라는 유제품 가공업체를 인수했습니다.

유제품 가공업체 인수는 당시의 유통 제도와 관련이 있습니다. 알 카포네가 우유 사업을 시작한 1931년에는 우유 판매가격과 배송은 지역별로 제약이 따랐습니다. 예를 들면, 아무리 알 카포네라 해도 우유를 팔려면 자신의 구역인 텍사스의 판매가격에 맞춰 가격을 책정해야 했습니다. 우유배달노조 역시 텍사스 지역 우유만 배송해야 하는 규제가 있었습니다. 그래서 알 카포네의 형인 랄프 카포네Ralph Capone가 우유 가격이 싼 위스콘신주에서 원유를 배송해 오면, 알 카포네가 운영하는 미도우무어 공장에서 우유를 생산해서 원산지 세탁을 한 뒤 차익을 남겼습니다. 이를 통해 규제를 피하는 동시에 우유배달노조의 잔존 세력까지 와해시키려 했습니다. 경쟁사보다 가격과 품질에서 우위에 서는 효과도 볼 수 있었습니다. 또, 우유 생산업자들에게 자신들이 파는 인쇄기를 구입해 우유병에 유통기한을 찍어서 납품하도록 했습니다. 우유 대금으로 업자들에게 지급한 돈 가운데 일부를 인쇄기 판매 비용으로 회수할 뿐더러, 유통기한을 보고 소비자가 안심하고 우유를 사게 하는 효과가 있었습니다.

그런데 '혁신'적인 알 카포네의 우유 사업은 3개월 천하로 끝납니다. 권력층의 비호를 받아가며 기관단총을 난사하던 알 카포네였지만, 영화 〈언터처블The Untouchables〉의 후반부처럼 그는 '탈세'라는 생각도 못 한 죄에 걸려 11년 동안 감옥에 갇히는 신세가 되었기 때문입니다.

알 카포네는 누가 봐도 나쁜 놈입니다. 하지만 우유 유통의 현대화에 기여했다는 점만큼은 부정할 수 없습니다. 돈을 벌려고 한 유통기한 표기가 사람들의 목숨을 구하고 품질 좋은 우유를 유통시킬 거라는 생각을 그는 못 했을 것입니다. 소가 뒷걸음질 치다 쥐를 잡은 꼴입니다.

잠깐!) 철도와 물류

18세기에 산업혁명의 영향으로 수송 수단도 빠르게 발전했습니다. 그 결과 철도가 주력 운송 수단으로 자리 잡게 되자, 철도 건설 열풍이 여러 나라에서 불었습니다.

철도 건설 초기에는 다양한 규격의 철도가 놓였습니다. 지금은 철도 폭이 143.5센티미터인 표준형이 세계 철도의 60퍼센트를 차지합니다. 러시아, 일본, 인디아 등 국가에서는 폭 152센티미터의 광궤와 106.7센티미터 이하의 협궤를 주로 운용하고 있습니다.

한국은 표준궤를 운영합니다. 1971년까지 수원과 여주를 오가던 수려선과 수원과 인천을 오가던 수인선은 선로 폭이 76.2센티미터인 협궤철도였습니다. 1960년대에 한국에서 없어진 전차의 경우 선로 폭이 106.7센티미터로 협궤의 일종인 케이프 궤간이었습니다.

도미노피자와 배달 시스템

　제가 초등학생이던 1980년대에 피자는 비싼 음식이었습니다. 지금은 대중 음식이자 대표적인 배달 음식으로 다양한 피자 브랜드가 경쟁을 벌이며 저 나름의 강점을 부각시키기 위해 노력하고 있습니다. 이 가운데 도미노피자의 배달 시스템을 소개합니다.

　1960년에 개업한 도미노피자는 배달 서비스를 제공한 최초의 피자집으로 배달 서비스의 경쟁력을 추구합니다. 독자적인 배달 서비스 체계가 있어 다른 경쟁업체에 비해 배달 서비스 분야에서 강점을 보였습니다. 어떤 기업이든 비핵심 사업은 외주사에 맡기는 게 유리합니다. 배달도 마찬가지입니다. 하지만 도미노피자는 경쟁력 유지의 핵심 요소를 배달 서비스라고 보고 자체 배달 서비스를 제공하는 게 낫다고 판단합니다.

배달 서비스 개선에는 많은 투자와 신규 IT 시스템 도입이 필요합니다. 이런 이유로 도미노피자는 피자 회사이지만 IT 기업이라고 불러도 될 정도입니다. 도미노피자는 배달 서비스를 강화하기 위해 주문과 배달 서비스에 많은 투자를 하며 혁신을 시도했습니다. 당연히 물류 산업 발전에도 크게 영향을 미쳤습니다.

먼저 도미노피자는 배달 서비스에 IT 기술을 접목했습니다. 일례로, GPS에 기반한 트래커Tracker란 위치 추적 서비스를 2018년부터 제공하고 있습니다. 외식 서비스 업체가 GPS에 기반한 위치 추적 서비스를 제공하는 건 한국에서 도미노피자가 최초였습니다. 그 밖에도 자율주행으로 피자를 배달하는 로봇과 드론을 운영하고, 배달 전용 차량을 개발하고 있습니다.

'로봇' 하면 영화에서 본 다족 보행 병기처럼 다리가 여러 개 달린 것이 언뜻 떠오릅니다. 그런데 도미노피자의 자율주행 로봇은 1980년대 미국에서 개발한 전투 로봇 '프라울러'처럼 바퀴가 여섯 개 달린 장륜 차량 형태입니다. 다만, 프라울러는 소형 승용차 크기인데 도미노피자의 배달 로봇은 대형 종이상자 크기입니다.

스타십 테크놀로지스Starship Technologies에서 만든 이 배달 로봇은 최대 18킬로그램의 화물을 싣고 시속 6~7킬로미터로 매장 반경 3킬로미터 내에 배달 서비스를 제공할 수 있습니다. 또한, 카메라와 소프트웨어로 장애물 회피와 경로 변경, 자율주행이 가능합니다. 모니터링 담당자가 원격 조종 상태로 전환해서 돌발 상황에 대응할 수도 있습니다.

스타쉽 테크놀로지스의 피자 배달 로봇 ©Mbrickn

문득, 이 로봇에 관한 기사를 읽다가 로봇에 실린 피자와 음료수를 누가 훔쳐 가면 어떻게 될까, 궁금했습니다. 모니터링 담당자가 있어도 현장에서 떨어져 있을 테니까요. 찾아보니, 배달 로봇에 피자를 실으면 잠금장치가 작동한답니다. 로봇이 배달지에 도착하면 고객은 스마트폰으로 수신한 보안코드를 입력해 잠금을 풀고 피자와 음료수를 챙깁니다.

사실, 이 로봇은 최초의 피자 배달 로봇이 아닙니다. 도미노피자는 2015년에 배달용 로봇을 도입하려고 계획했습니다. 2016년에는 오스트레일리아의 브리스번에서 시제품인 'DRU^{Domino's Robot Unit}'를 선보입니다.

DRU는 가로 74센티미터, 높이 100센티미터, 폭 92센티미터로

마라톤 로보틱스가 개발한 배달 로봇 DRU ©DOMINO'S, PIZZA.INC.

스타십 테크놀로지스의 6륜 로봇보다 큽니다. 적재 공간에 여유가 있어 공간을 둘로 나눴습니다. 한 칸에는 피자 열 판을 적재할 수 있고 다른 칸에는 음료를 실을 수 있습니다. 식은 피자가 배달되는 상황과 피자 열기로 음료수가 데워지는 현상을 막을 수 있습니다. 하지만 무게가 190킬로그램이나 되어 운영상 부담스럽다는 점이 옥의 티였습니다.

　이 시제품을 바탕으로 도미노피자는 총 누적 8000킬로미터에 걸쳐 시험 주행을 하면서 자료를 축적했습니다. 로봇이 배달해도 배달 사고가 나지 않는다는 점을 확인한 도미노피자는 양산형 배달 로봇 개발에 나섭니다.

　그 결과 스타십 테크놀로지스의 6륜 피자 배달 로봇이 2017년에 첫 선을 보였습니다. 중량 16킬로그램에 길이는 66센티미터,

뉴로 사의 자율주행 배달 로봇 차량 R2 ©DOMINO'S, PIZZA.INC.

폭 53센티미터, 높이 56센티미터인 이 로봇은 DRU보다 크기가 작습니다. 그만큼 적재 능력에는 한계가 있습니다.

뒤이어 배송 경쟁력 극대화를 위한 도미노피자의 노력은 무인 자율주행 차량의 개발로도 이어져, 2018년에 포드와 함께 자율주행차 시험 배달을 실행합니다. 2019년에는 구글 출신 엔지니어들이 창업한 로봇 제작 회사 뉴로[NURO]와 파트너십 협약을 맺습니다. 2021년에는 뉴로가 개발한 무인 자율주행 로봇 차량인 R2가 미국 몇몇 권역에서 도미노피자 배달 서비스를 시험적으로 제공한다고 발표했습니다.

어떤 자동차이건 운전자의 차량 통제가 가능해야 테스트 주행을 허가받을 수 있습니다. 운전대처럼 운전에 필요한 장비가 없는 로봇 차량 R2가 허가를 받아 테스트한 일은 드문 사례입니다.

휴스턴을 비롯한 미국 일부 지역에서 피자 배달 테스트 주행에 나선 R2는 31킬로와트시^{kwh} 용량의 배터리에 전기를 가득 충전하면 하루 종일 사용 가능합니다. 시속 40킬로미터까지 낼 수 있는 완전 무인 차량입니다. 사람이 타지 않기 때문에 화물 적재 공간 활용률을 높일 수 있습니다.

자율주행과 190킬로그램의 화물을 적재할 수 있는 R2는 높이 186센티미터, 폭 110센티미터에 길이 274센티미터로 높이는 SUV나 RV 자동차 수준입니다. 현대자동차의 소형 SUV 코나의 높이가 155센티미터이고 지엠^{GM}의 MPV인 올란도가 184센티미터인 점을 생각하면 어지간한 SUV나 MPV 차들보다 '키'가 큽니다.

차고가 높아 다소 불안감이 있지만, R2는 2021년 4월 12일에 미국 휴스턴에서 첫 배달 서비스를 시작했습니다. 그러나 R2를 이용한 피자 배달은 정해진 일정에만 가능한 데다 기술 개선이 필요해서 본격적인 배달 서비스는 아직 시기상조입니다. 큰 기대를 모았던 R2였지만 뚜렷한 성과를 보이지는 못했습니다. 한때 기업가치가 86억 달러^(11조 원 이상)에 달했던 뉴로는 2022년 11월과 2023년 5월 두 차례에 걸쳐 전체 직원 1500명의 40퍼센트가 넘는 640명을 정리해고했습니다.

자율주행은 계속해서 연구 발전 중입니다. 2020년 2월 미국 도로안전교통국은 R2의 일반도로 주행을 허가했습니다. 두 달 뒤에는 캘리포니아주 정부가 R2의 일반도로 주행을 허가했습니다. 주변에서 무인 자율주행 차량이 배송하는 모습을 보는 건 시간문제일 뿐입니다.

그런데 도미노피자는 배달 수단을 자율주행 로봇과 차량형 로봇으로 변경하는 데 그친 것이 아닙니다. 배달 서비스 경쟁력을 확보하기 위해 도미노피자는 공중 수송 능력을 위한 운송수단에도 손을 댔습니다. 2013년에 '도미콥터Domicopter'라는 시험용 드론을 선보이면서 피자의 공중 수송 가능성 여부를 타진한 것입니다.

마침내 2016년 도미노피자는 피자를 하늘로 배송한다는 다소 파격적인 선언을 합니다. 이를 위해 세븐일레븐의 배송용 드론을 개발한 미국 기업 플러티Flirtey와 피자 배달용 드론 개발에 나섰습니다. 동시에 뉴질랜드에서 드론 배송을 시작합니다. 플러티가 개발한 드론은 기체 하단의 보온 적재함에 피자와 음료수를 넣고 GPS 시스템을 이용해 최고 60미터 고도에서 시속 30킬로미터로 비행해서 고객에게 피자와 음료수를 배송합니다.

도미노피자의 드론을 처음 보았을 때, 주행 로봇들처럼 드론도 기체 내부에 화물을 적재할 수 있으면 공기저항을 덜 받아 속도를 올릴 때 제약이 덜할 거라고 생각했습니다. 그런데, 채산성을 맞출 수 있을 만큼의 피자와 음료수를 내부에 싣고 비행하려면 기체가 커져야 해서 개발비도 많이 들고 운용비도 늘어난다고 합니다. 또한, 피자와 음료수 온도 유지를 위한 냉온장 장치도 기체에 갖춰야하니 선뜻 실행하기 어려울 것입니다.

이런 이유로 아직 화물 내부 적재형 드론 개발은 보류할 수밖에 없을 것입니다. 그래도 드론 운용 초기 도미노피자는 점포로부터

영국에서 피자를 운반 중인 도미콥터
©Domino's Pizza UK & ROI,

플러티가 개발한 DRU 드론
©Domino's Australia,

1.5킬로미터 내외의 배송을 계획했는데, 점포로부터 25킬로미터 떨어진 지역에도 피자를 배달하는 데 성공했습니다. 이걸 보면 배송 가능 범위라는 장점 때문에 드론 배송이 빠르게 발전하리라 기대할 수 있습니다.

도미노피자의 무인 배송은 아직 시간이 필요합니다. 배달 로봇과 드론이 비용면에서는 유리하지만 법적·기술적 제약 탓에 인력을 완전히 대체하기에는 여전히 무리이기 때문입니다. 도미노피자가 피자 배송 수단 가운데 가장 비중이 큰 차량에 대해 개선안을 내놓은 이유도 여기에 있습니다. 일반 차량에도 보온·보냉 기능이 없어 피자와 음료수의 온도 유지가 어렵기 때문에 피자 배달 전용 차량의 개발과 운용이 필요하다고 본 것입니다.

이 필요성이 쉐보레 스파크 개조형인 'DXP'라는 차량으로 구체화됐습니다. DXP는 한국GM 의 트레일 블레이저나 푸조208과 동급의 1200시시^{cc} 엔진을 장착합니다. 뒷좌석 수납고 옆 부분의 문

피자 배달 전용 차량 DXP ©media.gm.com

으로 피자를 80장까지 수납해 운반할 수 있습니다.

　차 한 대가 80장의 피자를 배달한다는 건 최대 80곳의 배달지를 돌아다닌다는 의미입니다. 식어서 딱딱하게 굳은 피자를 받기 딱 좋겠지요. 이를 대비해 DXP에 설치된 수납고는 내부 온도를 60도까지 유지할 수 있어 온장고 역할도 겸합니다. 그런데 차가워야 하는 음료수는 어떻게 배달하는지 의문이 들었습니다. 피자 배달을 위한 차량답게 DXP는 운전석을 뺀 나머지 공간을 피자와 음료수 배달을 위해 쓸 수 있습니다. 피자는 DXP 뒷좌석 온장고에 넣고 야채샐러드, 음료수, 소스와 냅킨은 운전석 옆 조수석에 별도로 만든 보관함에 넣는다고 합니다. 또한 사진을 통해 알 수 있듯이 각종 로고와 표지가 붙어 있어 DXP는 배달 차량인 동시에 이동 광고판 역할도 하는 효과가 있습니다.

　지금까지 도미노피자가 물류 경쟁력 강화에 적극적인 모습을 보인 사례를 살펴보았습니다. 도미노피자는 IT 기술력을 접목함으로써 비용 절감과 효율성 제고를 달성해서 경쟁사에 우위를 확보하겠다는 전략을 폈습니다. 이 때문에 피자집과 IT 기술이라는 얼핏 관계가 없어 보이는 부문의 융합이 생겼습니다.

이는 '라스트마일last mile' 개념과 관련이 있습니다. 라스트마일은 제품 또는 서비스의 기획, 상품 유통의 모든 구간 가운데 소비자에게 전달되기 전 마지막 구간을 일컫는 물류업계 전문용어입니다. 이 구간에서 개선이 이뤄지면 소비자 체감도가 높아져 배송 부문의 경쟁력이 상승합니다. 도미노피자가 무인 배송 수단을 운용하려는 것도 바로 이 라스트마일 배송의 경쟁력을 확보하기 위함입니다.

게다가 무인 배송은 비용 절감의 효과가 큽니다. 예를 들어, 배송 로봇이나 드론으로 피자를 배달하면 한 사람이 여러 배송 수단을 운영하고 관리할 수 있습니다. 운영 비용을 획기적으로 줄일 수 있습니다.

도미노피자의 배달 로봇을 개발한 스타쉽 테크놀로지스에 따르면, 런던에서 자사의 배달 로봇을 이용할 경우 운송 비용이 차량 대비 92퍼센트나 절감됩니다. 차량에 비해 연료 소모도 적어 환경에도 도움이 된다고 합니다.

최근 러시아와 우크라이나의 전쟁 탓에 석유와 천연가스 가격이 폭등했습니다. 이 탓에 1986년 이후 36년 만에 영국 정부가 석탄 광산 개발을 처음으로 허가했습니다. 오염 물질 배출이 많은 석탄

아마존 배송용 전기 자전거 ⓒamazon UK

의 사용량이 증가할 요인이 는 것입니다. 전쟁 때문에 어쩔 수 없다고는 해도 오염 물질 배출량이 많은 석탄 사용이 늘어나는 만큼 오염 물질을 줄여야 하는 노력도 더 필요해졌습니다.

창고 내 화물 운송에 '키바'라는 로봇을 이용하는 등 배송을 비롯한 각종 물류 업무에 드론과 로봇을 선구적으로 동원하는 아마존도 예외가 아니었습니다. 2022년 7월 영국 런던에 자전거 허브를 설치해 시험 운영을 시작했습니다. 자전거를 기반으로 하는 물류 운영 체계를 점차 확대한 끝에 아마존은 2022년 12월 5일 런던과 맨체스터에 자전거를 배송 수단으로 추가한다고 발표했습니다.

아마존이 운영할 자전거는 전기 자전거로 운행할 때 사람의 노동력이 덜 필요하면서도 오염 물질 배출 또한 적다는 장점이 있습니다. 자산으로서의 전기 자전거 가격을 생각하면 투자 비용 또한 적게 들어갑니다. 비용 절감과 친환경 경쟁력의 우위를 고려한 결정이었을 겁니다.

도미노피자의 드론 배송 정책 역시 친환경과 비용 절감이라는 두 마리 토끼를 모두 잡아 경쟁력을 확보하겠다는 목적에서 나온 결정입니다. 살인적인 물가를 자랑하는 런던에서 90퍼센트 넘게 운송비를 절감할 수 있다면 원가 싸움에서 경쟁사에 압도적인 우위를 차지할 수 있습니다. 비록, 무인화에 따른 일자리 감소, 돌발 상황 발생 시 대응, 안전성과 규제 등 과제가 많이 있지만, 인력 부족 대응과 비용 절감이 가능해서 도미노피자가 드론 배송의 활성화에 적극적으로 나선 것이라 볼 수 있습니다.

무인 배송이 아직은 완벽한 배송 서비스를 제공하지는 못합니다. 기술적 난제를 얼마나 빨리 그리고 많이 극복할지 확신할 수도 없습니다. 하지만, 비용 절감과 경쟁력 확보를 가능하게 해주는 수단임에는 분명합니다. 머지않은 미래에 결국 무인 배송 시스템이 정착할 것임을 생각하면, 도미노피자의 혁신은 선구적인 노력이며 그 시도 자체만으로도 의미가 큰 사례입니다.

생활 속 물류, 택배

  우리는 일상에서 물류 활동을 접하며 살고 있습니다. 소비자가 구매하거나 인수하는 물품은 종류가 다양하고 소량인 경우가 많아 기업 물류에 비해 눈에 띄지 않을 뿐입니다. 우리네 일상에 물류와 가장 밀접한 연관이 있는 활동에는 택배와 특송이 있습니다.

  먼저, 택배는 소비자가 구매한 물품을 소비자에게 전달하기 위한 문전배송^{Door-To-Door} 서비스를 의미합니다. 택배는 '자택배달^{自宅配達}'의 줄임말입니다. 우유 등 음식물이나 화물을 고객의 집으로 배달하는 행위를 의미하는 일본식 한자어로 '타쿠하이^{宅配(たくはい)}'라고 합니다. 그런데 일본의 택배는 한국의 택배와 약간 차이가 있습니다. 우리가 생각하는 택배를 일본에서는 택급편^{宅急便(탓큐우빙たっきゅうびん)} 또는 택배편^{宅配便(타쿠하이빙たくはいびん)}이라고 부릅니다.

한국미곡창고 택배 캐릭터 미스터 미창 ©CJ대한통운

'택배'라는 말은 한국에는 없던 단어입니다. 1970~1980년대 만화책을 들춰보면 예전에는 '소포'란 말을 썼습니다. 우리가 언제부터 '택배'라는 말을 썼고 또 이 말이 우리 일상에 어떻게 자리 잡았을까요.

택배 산업이 한국에 등장한 초기에는 신규 산업이라 마땅한 말이 없어 일본식 한자어를 가져다 쓴 건 아닐까 하고 생각했습니다. 실제로 '택배'라는 일본어의 흔적은 택배 산업 초기의 기록물에서도 접할 수 있습니다.

1962년 열린 산업박람회 안내용 전단에는 CJ대한통운의 전신인 한국미곡창고주식회사의 이름을 딴 캐릭터 '미스터 미창'이 그려져 있습니다. '각 가정에서 다른 가정으로 택급宅扱 업무를 수행하는 전담 직원'이라며 미스터 미창의 역할을 설명해놓았습니다.[5] 바로 '택급'이란 단어가 철도 소화물을 수화인의 집까지 배송함을 뜻

하는 일본어 택급宅扱(い)(타쿠아츠카이たくあつかい)의 한국식 표기입니다. 일본으로부터 해방된 지 17년밖에 안 된 시기였기에, 일제시대의 잔재가 남은 것으로 보입니다.

1960년대는 통신수단이나 운송 체계가 택배 산업 발전을 뒷받침할 수 없었습니다. 제한적으로 택배 산업이 존재한 까닭에 '택급'이란 단어가 널리 퍼지지 못했을 것입니다. 만일 1960년대부터 택배가 발달했다면 지금은 '택급'이란 말을 쓰고 있을 수 있습니다.

이후 1991년 12월에 한진이 소화물일관수송업 면허를 국내 최초로 취득했습니다. 한진은 1992년 6월 '택급편'이라는 브랜드로 유명한 택배 서비스 업체인 야마토운수를 참조해서 '파발마'라는 한국 최초의 택배 서비스 브랜드를 출시합니다.

'택배'란 단어와 서비스는 1990년대 초에는 한국인에게는 생소했습니다. '택배'와 '특송'이란 말을 함께 쓸 정도로 정확한 용어 정립도 안 되어 있던 시기입니다. 때마침 택배업체들이 연이어 생겨나면서 택배 산업은 기반을 다지기 시작합니다.

먼저 금호그룹이 '황금개구리'를 로고로 내세운 '금호특송'을 1990년에 세웠습니다(택배사업자 면허 취득은 1992년). 소화물 일관 운송업(택배) 면허를 취득한 1992년부터 항공업에 이어 택배 시장에서도 금호는 한진과 라이벌 구도를 형성합니다. 그리고 대한통운(CJ대한통운)이 1993년 3월 수원에서, 현대물류(현대택배)가 같은 해 10월 춘천에서 택배 서비스를 시작합니다. 이어 같은 계열사인 합동운수와 경동화물 자동차 등 열다섯 개가 넘는 물류업체가 택배 시장에서 경쟁

1992년 초기의 한진 파발마 로고와 택배 차량 ©한진그룹

을 벌입니다. 1990년대 들어서는 홈쇼핑 방송이 개국하고 두산, 한솔 등 대기업 계열의 카탈로그 홈쇼핑 업체가 등장했습니다. 이어 인터넷이 발달하면서 온라인 기반 전자상거래가 생겨났습니다. 택배업체가 많아지자 택배 운송 수요 또한 늘었습니다.

그런데 허가제인 화물운송면허제 탓에 택배 시장은 진입 장벽이 높았습니다. 1990년대 중반까지 100개 이상 업체가 불법 영업을 했을 정도입니다. 게다가 과당경쟁으로 시장 질서가 교란되기도 했습니다. 택배 시장이 진입하기 어렵고 대기업 위주로 돌아가자 일부 신규 회사는 자격 있는 업체를 인수합병해 규제에 대응했습니다. 하지만 대부분 1994년 규제가 완화되기 전까지는 불법 영업을 해야 했습니다.

규제가 완화된 1994년부터는 상당수 업체가 합법화되었습니다. 하지만 과열 경쟁은 여전했습니다. 덤핑 운임과 질 낮은 서비스로 소비자 불만이 늘어나는 한편, 경쟁력을 확보하기 위한 여러 움직임도 있었습니다.

인지도가 높은 대한통운의 경우 화물을 비바람으로부터 보호해 줄 수 있는 윙바디 트럭을 도입했습니다. 또 한국 물류사 최초로 1.5톤급 중량 화물까지 상하역 자동 작업이 가능한 알루미늄 적재함 덮개 차량을 개발했습니다. 경쟁사보다 화물 수송 안전성을 높였고, 30킬로그램이 넘는 화물은 24시간 내에 배송하는 신속성을 갖췄습니다. 강원도 더덕과 같은 지역특산품을 산지에서 배달하는 특화된 서비스도 선보였습니다.

한국 최초로 본격적인 택배 서비스를 선보인 한진은 당일·익일 택배, 정기노선 화물택배, 국제선 택배 서비스를 주축으로 삼았습니다. 지역특산물과 냉장·냉동 택배, 골프·스키·의류·여권 택배 등 신규 서비스 개발에도 나섰습니다.[6] 이외에도 틈새시장을 공략해 택배 품목이 다양해졌습니다.

물류 사업과 무관한 기업이 택배 사업에 뛰어들기도 했습니다. 택배 시장은 마치 택배업체들의 아이디어 경연장인 듯 활기를 띠었습니다.

일례로 1990년대 국내 4대 택배사 가운데 하나였던 동서배송운송은 1996년에 500억 원이 넘는 매출을 올린 탄탄한 중견 기업이었습니다. 그렇지만 한진이나 금호 같은 대기업에 비해 규모가 작아 전략을 특화할 수밖에 없었습니다. 동서배송운송은 국내 의류 회사의 제품을 백화점과 의류 매장에 공급하는 업무를 대행했습니다. 또, 출판물 택배를 국내 최초로 맡아 전문 택배사로 존재감을 드러냈습니다. 자금력이나 운영 능력 면에서 대기업과 정면 승부를 하면 승산이 없다고 판단했기 때문에 틈새시장을 공략한 것입니다.

물류 회사가 아님에도 택배에 뛰어드는 기업들도 있었습니다. 대표적으로 1992년 동원산업과 동원직배가 수산물을 생선회로 즉석 조리한 뒤 배달했고, 1993년에는 사조산업이 횟감을 배송하는 서비스에 뛰어들었습니다. 참치통조림에 이어 참치회도 인기를 누리자 생선회 택배 사업이 돈이 되겠다고 판단한 것입니다. 30년 전에 신선식품을 택배 서비스했다는 점이 이례적입니다.

1990년대는 택배 사업 업체가 난립하며 부작용도 있었지만 다양한 서비스가 제공된 시기였습니다. 1997년에 규제 완화로 진입 장벽이 없어지자, 신세계의 세텍스택배, 유진그룹의 로젠택배, 동부그룹의 동부익스프레스 등 중대형 기업의 택배 자회사가 등장했습니다. 여기에 더해 우체국까지 택배 사업에 참여하면서 경쟁이 더 치열해졌습니다. 그 덕분에 택배 단가가 1997년 이후로 낮아졌습니다.

택배 시장은 2000년대 들어 인터넷 발달로 전자상거래가 활발해지면서 2010년까지 연평균 15퍼센트가 넘는 성장률을 기록했습니다. 기업 간 인수합병을 통해 택배 시장이 재편되자, 2010년대 중반에는 CJ대한통운이 절대 강자로 군림하는 가운데 현대로지스틱스, 한진택배, 우체국택배 등이 CJ대한통운에 대항하는 형국이었습니다.

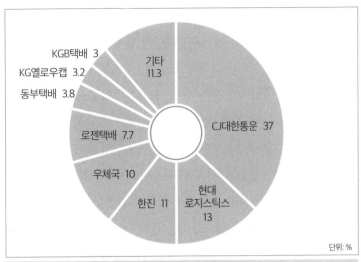

KGB택배 3
KG옐로우캡 3.2
동부택배 3.8
로젠택배 7.7
우체국 10
한진 11
기타 11.3
CJ대한통운 37
현대 로지스틱스 13

단위: %

[2010년대 중반 한국 택배업체 점유율 (자료: 한국통합물류협회)][7]

이후에도 업체 간 치열한 경쟁 속에 택배 산업이 성장하면서 이제는 택배 서비스가 일상생활에 없어서는 안 될 만큼 자리를 잡았습니다. 택배에 대한 소비자의 이해도 또한 높아졌습니다.

택배 산업이 계속 성장한 데에는 케이블방송과 인터넷의 공이 큽니다. 케이블방송이 시작된 1990년대에는 TV홈쇼핑이, 인터넷이 널리 보급된 2000년대에는 온라인 쇼핑몰이 유통경로로 등장하면서 택배 수요가 크게 늘었기 때문입니다.

한편, 한국에서 2020년부터 발생한 코로나19는 택배 산업을 호황으로 이끌었습니다. 덩달아 드라이 아이스, 골판지 상자 제조업 등 관련 산업도 호황을 누리고 있습니다. 서비스 또한 다양해졌습니다. 당일배송과 새벽배송, 수산물·야채 등 신선식품에까지 배송 대상 품목의 확대 등에 힘입어 택배 성장세는 계속될 듯합니다.

　다만 풀어야 할 숙제 또한 많습니다. 택배 기사의 근무조건과 택배 요금 등을 들 수 있습니다. 일종의 성장통일 테지만, 택배사들이 이 문제를 어떻게 풀어가느냐에 따라 성장을 이어갈지, 과당경쟁으로 공멸할지 결정될 것입니다.

해외 직구

　세계화와 교통수단의 발달로 국제무역이 활성화되고 다양해졌습니다. 이 가운데 소비자가 원하는 물품을 해외에서 직접 수입하는 '해외직구'가 이제는 당연한 구매 행위로 자리 잡았습니다.

　일반적으로 해외 직구의 거래 형태는 직접 구매, 구매 대행, 운송 대행 등 세 방식이 있습니다. 직구 대행 사이트를 통해 해외직구를 할 때는 대행사에서 진행해주기 때문에 괜찮지만, 소비자가 직접 구매하는 경우에는 번거롭고 불편합니다. 하다 못해 이메일을 쓰는 것도 직접 할 일이고 필요하면 연락까지 해서 진행 상황을 확인해야 하기 때문입니다.

　한번은 필자도 스위스 회사의 가위를 사야 했는데 구매 대행사를 못 찾아서 직접 연락해서 가위를 구매한 적이 있습니다. 이메일을 보내면서도 혹시라도 개인에게 소매로는 안 판다고 할까 봐 독일에 사는 지인에게 부탁해야 하나, 별생각을 다 했습니다.

필자처럼 직접 거래하면 수수료를 낼 일이 없어서 좋습니다. 하지만 번거롭기도 하고 구매가 안 될 경우에는 딱히 답이 없다는 단점이 있습니다. 덧붙이자면 물류비^(배송비)를 내는 쪽에 유리한 점이 있습니다. 물론, 달랑 한두 개 살 때는 안 되겠지만 대량으로 구매할 때 물류비를 내는 쪽이 가격을 협상할 때 '할 말'이 있어서 유리합니다.

해외 직구를 할 때면 구매한 물건이 어디쯤 오고 있는지, 어떻게 진행 중인지 궁금할 때가 많습니다. 엄청난 인내심이 필요한 '알리익스프레스'를 예로 들어보겠습니다.

예전에 알리익스프레스에서 한참 전에 구매한 물품이 어디쯤 오고 있는지 위치 확인이 안 된 적이 있습니다. 물론 당연히 알리익스프레스에서 조회하면 되지 않을까요? 이 방법이 정석이지만 저는 'CAINIAO'라는 화물 위치 추적 사이트에서 조회했습니다. 알리익스프레스에서 제공하는 화물 위치 추적 서비스도 CAINIAO 서비스와 연동되어서 정보를 제공하기 때문에 CAINIAO에서 조회하는 편이 낫습니다. 로그인 등 별도 절차 없이 배송번호만 입력하면 바로 위치 확인이 가능합니다.

예전에 주문한지 한 달이 넘도록 물건이 안 오길래 의아해하니까 알리익스프레스에서 직구한 물건을 받으려면 '보살의 마음'으로 주문한 물건의 존재를 잊고 기다려야 한다는 말을 듣고는 처음엔 이해를 못 했습니다. 나중에 알리익스프레스를 통해 구매한 물품이 한 달이 넘어서 왔길래 발신지를 보니 우즈베키스탄으로 된 적도 있고, 오스트리아 빈으로 기재된 적도 있었습니다. 중국에서 와야 할 물건이 왜 엉뚱한 곳에서 왔을까, 골몰하기도 했습니다. 물류 용어에는 허브앤드스포크^{Hub & Spoke}가 있습니다. 배송 화물을 주요 집하거점에 집결시킨 뒤 각 지역별로 분산하는 방식입니다. 그래서 허브앤드스포크 방식으로 운송하느라 늦었다고 생각했습니다. 그렇지만 중국에서 출발했을 물건이 한국과는 완전 동떨어진 곳에 갔다가 오는 경우가 있으니, 고가품이거나 긴급 화물은 특송으로 받는 편이 나을 듯합니다.

해외 직구를 할 때는 '통관부호'가 있어야 합니다. 통관부호는 화물을 인수할 때 필요한 일종의 개인 신분증 번호입니다. 개인 통관부호는 관세청 홈페이지나 모바일 관세청에서 받을 수 있습니다. 통관부호가 있으면 여러 조회도 가능합니다. 먼저, 화물의 도착 여부를 확인하려면 관세청 전자통관시스템^(유니패스)에 접속해서 송장번호나 화물관리번호를 입력하면 조회할 수 있습니다. 화물 입항 여부를 조회하면 도착 여부는 물론이고 도착 이후 통관 완료 여부 등과 같은 진행 상황과 화물 중량과 수량 등 정보도 확인할 수 있습니다.

만약 송장번호가 조회되지 않을 때는, 항공기 지연 등의 사유로 화물이 도착하지 않았거나 번호를 잘못 입력한 경우입니다. 간혹, '하우스 비엘' 칸에 입력해야 하는데 '마스터 비엘' 입력 칸에 입력

관세청 전자통관시스템 화면

해서 조회가 안 되는 경우도 있습니다.

유니패스에서 화물이 조회됐고 공항 또는 항구까지 반입을 완료했다고 해서 물건을 바로 반출할 수 있는 것은 아닙니다. 입항한 선박이나 항공기에서 하역한 물품이 항구의 컨테이너 터미널이나 항구 인근에 있는 소화물 보관 창고인 CFS^{Container Freight Station} 또는 공항 터미널로 반입이 끝난 뒤, 화물 적출과 분류와 통관을 비롯한 후속 조치를 마쳐야 합니다.

입항 화물의 반출 가능 여부 또한 유니패스에서 조회할 수 있습니다. '진행 상태' 칸의 내용이 '통관 목록 심사 완료'로 되어 있으면 통관 절차가 끝나 화물을 반출할 수 있다는 의미입니다. 그런데,

'수입$^{(사용소비)}$ 결재 통보'라고 조회되는 경우가 있습니다. 이 경우 화물은 개인이 사용하기 위해 들여온 화물을 세관에서 승인한다는 의미입니다만, 세관에 관세를 납부해야 반출할 수 있습니다. 즉, 관세 부과 대상이니 돈 내고 물건을 찾아가라는 뜻입니다.

해외 직구를 할 때 주의할 또 한 가지는 재판매입니다. 해외에서 소량으로 직구매하는 것은 개인 용도의 수입으로 보고 세관에서 중과세를 하거나 밀수로 간주하지 않습니다. 그런데, 해외에서 개인 용도로 직구한 물품을 판매하면 법적 문제가 생깁니다. 주로 의류 같은 패션 용품을 구매한 뒤 수입 신고를 세관에 하지 않고 물품을 재판매할 경우, 세관에서는 밀수를 통한 영리 추구 행위로 간주합니다. 밀수 혐의로 관세법 위반이 적용되면 물품 가격과 관세 금액의 열 배 가운데 고액을 기준으로 벌금을 내거나 최대 5년의 징역에 처해질 수 있습니다.

해외에서 직구한 물건을 재판매하는 일을 절대 안일하게 생각하면 안 됩니다. 물건을 팔려고 인터넷에 올려놓기만 해도 관세법 위반 적용 대상이 될 수 있습니다. 실물을 받고 보니 기대와 달라서 중고장터에 물건을 올렸다고 해도 무조건 위법 행위입니다. 문제될 줄 몰랐다고 해도 무죄가 되지 않습니다. 아예 직구한 물품을 재판매해서는 안 됩니다.

별도로 수입 신고를 해야 인수가 가능한 품목이 있습니다. 주류, 담배, 한약재, 의료용품과 건강 보조 식품은 관세를 냈다고 해도 바로 통관되지 않습니다. 이들 물품은 수입 신고를 해서 세관 심사를

품 명	자가 사용 요건 확인 면제 중량
꿀, 참기름, 참깨, 고사리, 더덕, 육포, 수산물	5kg
잣	1kg
육류	10kg
술	1L 이하 1병
담배	10갑 (20개비 1갑 기준)
전자 담배용 액상 니코틴	20ml
씹는 담배, 파이프 용 담배 등	250g
향수	60ml
의약품과 건강보조제	6병 (진단서 제출 시 예외)

[품목별 자가 사용 요건 확인 기준][8]

거쳐야 물품을 인수할 수 있습니다. 특히, 고급 브랜드 제품을 모방한 짝퉁 명품은 지식재산권 침해 소지가 있어 세관의 통관 허가를 받기 전에 압류될 확률이 높습니다. 그 밖에도 일정 수량을 초과해도 판매 대상으로 간주되어 세관 심사 대상이 됩니다.

잠깐!) 트럭 깨알 상식

트럭은 두 차례 세계대전을 통해 크게 발전했습니다. 특히, 1924년 독일 MAN사의 디젤 트럭은 트럭 발전에 큰 영향을 미쳤습니다. 디젤 엔진은 휘발유 엔진보다 연료 소비가 적고 힘과 엔진 내구력이 좋은 데다 대형화도 가능했기 때문입니다.

2차 대전이 끝난 후에는 컨테이너를 싣는 트레일러가 다양한 형태로 등장했습니다. 청룽(성룡)이 주연한 영화 <나이스 가이Mr. Nice Guy>에 나오는 트럭과 같은 100~300톤급 대형 트럭도 등장했습니다.

연료 부문에도 변화가 일어나 전기와 수소로 움직이는 트럭도 등장했습니다. 여기에 맨 앞의 트럭이 뒤따라오는 트럭들을 유도해서 주행하는 일종의 자율주행 방식의 트럭 플래투닝Truck Platooning이 운전자 고령화와 트럭 운전수 부족의 대응 수단으로 주목받고 있습니다.

[트럭 플래투닝 개념도][9]

참치와 물류

필자가 초등학생 때 교과서에 참치잡이 어선을 타는 분의 편지가 수록돼 있었습니다. 참치를 '바다의 닭고기'라고 부른다는 내용이었습니다. 아무튼 참치는 먼 바다에서 잡아야 하니 비싸다고 생각했습니다. 그런데 나중에 참치가 원래 비싼 생선도 아니었고 인기도 없었던 걸 알고는 놀랐습니다.

참치는 고대와 중세 지중해 지역 사람들이 즐겨 먹었습니다. 근대 프랑스에서는 미식가의 사랑을 받았다고 합니다. 이런 걸 보면 당연히 애초부터 참치가 고급 어종으로 각광받았어야 하는데 그러지 못했습니다. 특히 일본에서도 20세기 중반까지는 인기가 없었다고 합니다.

1970년대만 해도 참치는 일본인만 먹는 생선이었습니다. 사람들 대부분은 참치를 쓰레기로 여기거나 반려동물 사료의 원료로 여겼다고 합니다. 미국이나 유럽에서도 참치는 식용 생선으로는 인기가 없습니다. 낚시꾼이 월척을 잡았다고 사진 찍고 자랑하고는 포클레인으로 묻어버릴 정도였습니다. 어망에 걸린 참치는 사료 공장에 팔아 부수입을 올리는 용도였습니다.

이런 참치가 어떻게 식용으로 인기를 얻었을까요? 이는 '꿩 대신 닭' 또는 '궁여지책'이란 말과 관련이 있습니다.

참치와 달리 정어리는 식용 생선으로 미국인에게 널리 사랑받았습니다. 그런데 정어리를 지나치게 많이 잡아들여 정어리 개체 수가 줄면서 문제가 생깁니다. 게다가 기후 변화가 생태계에 악영향을 미쳐 정어리 어획량이 줄었습니다. 정어리통조림용으로 구매한 깡통마저 애물단지가 되었지요. 미국 통조림 회사들이 통조림 깡통 재고를 줄이려고 1903년부터 참치 통조림을 만들기 시작했습니다. 참치는 사람들이 오랫동안 식용으로 여긴 생선이 아니었기 때문에 출시 첫해의 판매량은 겨우 700여 개에 불과했습니다.

일본도 1833년부터 1839년까지 대기근^(덴포 대기근)이 발생해 구황식으로 참치를 먹기 시작했습니다. 먹을 게 없어 굶어 죽지 않으려고 먹는 음식이라 상류층은 참치를 거들떠도 안 봤습니다. 기름기 많은 참치뱃살은 고양이나 먹었습니다.

사실, 참치가 이렇게 심하게 인기가 없었던 건 물류적인 요인과 생물학적 특성 때문입니다.

먼저, 참치는 심해어로 19세기 전까지는 일본 서쪽 나가사키에

도쿄

나가사키

서 잡을 수 있었습니다. 도쿄에서 나가사키까지는 1000킬로미터
가 넘습니다. 서울과 부산을 왕복하는 것보다 훨씬 긴 거리를 운송
하기에는 당시 교통수단과 도로가 열악했습니다. 냉장·냉동 시설
마저 없어 불가능에 가까웠습니다. 만약 당시에 참치를 도쿄^(에도)로
운송했다면, 도착했을 때 이미 참치는 상할 대로 상했을 겁니다. 설
령 보관 상태가 좋았다고 해도 당시의 교통수단이나 도로 사정을
생각하면 물류비가 말도 못 하게 비싸서 채산성이 도저히 맞지 않
았을 것입니다.

또, 참치는 살에 혈액이 많이 포함돼 있어 단기간에 상하기 쉽습니다. 수송 수단과 보존 시설이 미비한 시절이라 더 빨리 부패하니 참치를 소금에 절여 먹어야 했습니다. 그런데 참치 뱃살 등에는 기름이 많아 소금에 절여 먹기도 여의치 않았다고 합니다. 전쟁이나 기근이 아니면 눈길이 안 갈 수밖에 없는 생선이었습니다. 그러던 차에, 두 사건을 계기로 참치가 주목을 끌게 됩니다.

첫 번째 계기는 1914년에 발발한 제1차 세계대전입니다. 전쟁이 4년이나 계속되는 바람에 전쟁 기간 동안 식량 부족 문제가 심각했습니다. 음식의 양과 질 모두가 부족한 상황을 해결하기 위해 등판한 구원 투수가 바로 참치였습니다. 평소에는 외면한 생선이었지만 식량 부족이 심했던 전시라는 상황에서는 고급 음식이 따로 없었습니다. 특히 제2차 세계대전 때는 소꼬리스튜 통조림과 마찬가지로 참치 통조림도 싸고 단백질이 풍부해 대체식으로 제격이었습니다.

유럽 국가들은 미제 참치 통조림을 경쟁하듯 구매했습니다. 처음으로 참치 통조림을 생산한 1903년의 생산량이 700개였는데 전쟁 첫 해인 1914년에 미국이 생산한 참치 통조림은 32만 개로 급증했습니다. 다만, 20세기 초 기술로는 신선한 참치를 공급할 수가 없어, 통조림용 참치를 유럽에 공급해서 영양 불균형을 막을 수 있었습니다. 영국은 '바다의 닭고기'란 광고 문구를 내세워 참치 소비를 권했습니다. 참치는 유럽에서 전쟁 기간 동안 '바다의 닭고기'로 불리며 대량으로 소비되었습니다.

1차 세계대전 기간 동안 참치는 식용 생선으로 자리를 잡았습니다. 전쟁이 끝난 뒤에도 참치 수요는 여전했습니다. 미국은 물론 참치의 가치를 알아본 각국은 참치의 전투식량화가 필요하다는 점을 깨달았습니다. 2차 세계대전 때는 연합국과 추축국(樞軸國) 진영 모두 참치 통조림을 자체 개발해 전투식량으로 공급합니다.

지금도 참치는 전투식량 메뉴로 구성이 되어 있습니다. 미군 전투식량인 MRE는 물론 프랑스군 전투식량에도 참치가 포함되어 있습니다.

그러다가 참치가 비싼 생선으로 떠오릅니다. 바로 두 번째 계기인데요, 이는 식습관 변화와 기술 발달, 그리고 한 항공사 직원의 날카로운 관찰력 덕분이었습니다.

참치를 많이 먹는 일본에서도 1940년대까지 참치는 기름기가 많아 생선회나 생선초밥 재료로는 부적합하다고 여겼습니다. 거기다 식량이 부족할 때 먹는 대용식 또는 저가 음식이란 고정관념이 있어서 인기가 없었습니다.

그러다가 경제 재건에 따른 서구화로 육류 수요가 늘어나고 육류와 맛이 비슷한 참치를 찾는 일본인이 1960년대부터 늘었습니다. 마침 갑판에 가공 설비와 냉동 장비를 갖춘 저인망 어선을 1954년 영국이 개발한 터라, 원양에서 잡은 참치 등 각종 생선의 신선도를 유지할 수 있게 되었습니다.[10] 1952년에는 미국 사업가 말콤 맥린(Malcom McLean)이 규격화한 컨테이너를 개발한 뒤 냉동 화물 운반용 컨테이너와 냉장 컨테이너용 전원 공급 장비도 개발했습니

말콤 맥린

다. 이어 1957년 세계 최초의 컨테이너선 게이트웨이시티^{Gateway City}호를 건조합니다.¹¹

규격화된 컨테이너와 컨테이너 운반선의 등장은 대량 화물을 싼 가격에 운반할 수 있게 했습니다. 상하역 시간 또한 절약돼 물류 산업의 효율성을 높여 세계 화물 운송량을 500퍼센트나 증가시켰 습니다. 본격적인 교역량 증가의 시대가 열린 것입니다.

1960년대에 들어서는, 화물의 신선도를 유지하기 위해 냉장 상 태로 운송하는 콜드체인 체계가 등장했습니다. 컨테이너 운송도 베트남전쟁을 계기로 널리 보급되기 시작했습니다. 또한, 원거리 항해 능력과 영하 50~60도까지 급속 냉동이 가능한 설비를 갖춘 트롤리 어선이 개발돼, 먼 대양에서도 오랜 시간 동안 제약 없이 어로 작업을 할 수 있었습니다. 기술 발전 덕분에 신선한 참치를 공급할 수 있는 여건이 갖춰진 것이죠.

하지만 여전히 물류 체계와 냉동·냉장 기술 한계 탓에 참치가 대중식으로 자리 잡기엔 역부족이었습니다. 수요가 늘면 공급도 늘어야 하는데 기술이 아직은 부족해 원양어업이 충분히 발달하지 못했습니다. 1960년대 후반부터 생선초밥의 인기가 치솟자 참치 공급이 부족해졌고 이 때문에 참치 가격이 오르기 시작했습니다. 1970년대 들어서도 마찬가지였습니다. 참치 공급이 부족해서 이 때부터 참치를 사람들이 비싼 생선으로 여기기 시작합니다.

참치를 고급 생선으로 여기게 된 데는 또 다른 이유도 있습니다. 기술 문제로 참치를 생선회나 생선초밥 재료로 쓰기엔 제약이 많아서였습니다. 생선회나 초밥 재료인 생선의 신선도는 사람의 생명과도 직결될 수 있습니다. 이 때문에 어지간한 보관 기술로는 품질을 보장할 수가 없습니다. 옛날에는 육지와 가까운 곳에서 잡을 수 있는 생선으로 회와 초밥을 만들어 먹었고 대양 지역에서 잡히는 참치, 고등어, 새치류 등의 어종은 신선도를 유지하기 위해 배에 얼음을 잔뜩 싣고 가서 잡아 와야 했습니다. 자연히 싣고 간 얼음만큼 비용이 늘고 얼음이 차지하는 공간만큼 생선을 실을 공간이 줄었습니다. 잡을 수 있는 참치 수가 줄어든 것입니다. 가격이 비싸질 수밖에 없었습니다.

그러다가, 앞서 언급했듯, 갑판에서 냉동과 즉석 가공을 할 수 있는 저인망 어선이 1954년 영국에서 등장했습니다. 항공기도 대형화되면서 컨테이너와 신선식품을 항공편으로 운송할 수 있게 되었습니다. 그 결과 1970년대 들어 참치 공급이 늘어납니다. 드디어 물류에서도 비싼 참치를 빠른 시간에 보다 낮은 가격으로 수송할 수 있고 유통할 수 있는 기술적 요건이 갖춰진 것입니다.

이런 배경에서 1970년대 일본 항공사 직원의 날카로운 관찰력 덕분에 참치의 항공 수송이 실현됩니다. 1945년 8월 원자폭탄 두 발을 맞고 항복한 일본은, 1950년에 발발한 한국전쟁으로 호황을 누렸습니다. 참치를 선호하는 식습관이 생겨날 경제적 여건이 마련된 것입니다. 1960년대부터는 일본 제조업이 본격적으로 성장하면서 수출이 늘기 시작했습니다. 1970~1980년대는 일본 제품의 경쟁력이 독보적 수준에까지 올라서면서 무역 흑자가 급증했습니다.

1970년대에 일본 항공사인 JAL은 고민이 있었습니다. 수출 화물이 느는 건 좋은데 항공기가 일본에 돌아올 때 화물을 많이 싣지 못해 이익이 줄거나 손해를 볼 때도 있기 때문이었습니다. 특히, 미국이나 캐나다에서 돌아오는 항공편이 그러했습니다. 체리 같은 농산물을 싣고 오는 방법도 있었지만 이익률이 낮고 한철 화물이라 한계가 있었습니다. 운임을 올리자니 화주들 눈치가 보였습니다. 해결책이 필요했습니다.

이때 JAL 직원인 오카자키 아키라가 생선초밥에서 실마리를 찾았습니다. 건강에 대한 관심이 높아지면서 사람들이 다이어트와 자연식에도 눈길을 주던 시기였습니다. 많은 나라에서 생선초밥에 관심을 보였습니다. 참치를 고급 생선으로 여겨 참치 수요도 높았습니다. 아키라는 북미 지역에서 많이 나지만 서양에서 선호하지

프린스에드워드섬

않는 참치를 일본으로 공수하면 돈이 되겠다고 판단했습니다. 그는 자료를 조사해 캐나다 동부에 있는 프린스에드워드섬을 방문합니다. 그곳에서 그는 비싼 참다랑어가 식용은커녕 사료 제조에나 쓰이는 '찬밥' 신세임을 확인했습니다. 자신의 아이디어가 성공할 것을 확신할 수 있었습니다.

아키라는 프린스에드워드섬에서 조달한 참다랑어 한 마리를 실은 트럭으로 캐나다 동부 지역의 해변 도로를 따라 뉴욕 JFK공항에 36시간 만에 도착한 뒤 항공기에 실었습니다. 참다랑어 운송 소요 시간과 타산성을 확인한 것입니다. 뉴욕에서 이륙한 JAL 화물 수송기에 실린 시험 운송용 캐나다산 참다랑어 한 마리는 열네 시간을 비행해 일본 하네다공항에 도착했습니다. 곧장 하역, 반입, 통관 등 후속 과정을 거쳐 식탁에 올랐습니다. 북미에서 잡은 참치를 사흘 뒤 도쿄 음식점에서 볼 수 있는 유통 구조를 만들려는 아키라의 시험 운송은 참치 유통이 가능하다는 사실을 보여줬습니다.

그는 자신의 계획을 본격적으로 실행하기 위해 참치가 돈이 된다고 캐나다 어부들을 설득했습니다. 그들의 신뢰를 얻으려고 수익성 보장 시스템까지 도입했습니다. 이 시스템은, 여전히 의문을 품던 캐나다 어부들에게 참치 판매 가격을 빠르게 제공해서 정보 투명성을 높였습니다. 일본에서는 참치 수요가 꾸준해 충분히 돈벌이가 된다는 사실도 알려 캐나다 어부들의 참치잡이 활성화와 납품 참여에 기여했습니다.

이런 노력 끝에 캐나다산 참치가 1972년부터 일본에 수입됐습니다. 1974년에는 캐나다발 JAL항공기 화물이 거의 모두 참치일 정도였습니다. 어느덧 참치는 JAL의 화물 운송 매출 증대의 일등공신이 되었습니다. 덤으로 나리타 공항은 생각지도 않게 참치 물류의 허브가 되었습니다.

이 '사건'은 다른 나라에도 영향을 미쳤습니다. 참치 수요가 늘자 소말리아 인근 인도양과 미국 동부 연안, 대서양과 지중해에 몰려든 참치잡이 어선들은 돈을 벌었습니다. 호주 중남부에 위치한 포트링컨Port Lincoln은 호주 정부가 참치 어획량을 제한하자 참치 양식업을 해 상당한 부를 축적할 수 있었습니다.

이처럼 오늘날 통조림이나 회로 즐겨먹는 참치가 식용 생선으로 자리 잡게 된 지는 50여 년에 불과합니다. 물류와 물류를 뒷받침하는 기술 발전이 없었다면 불가능했을 일입니다.

전투식량과

순대, 케밥, 통조림, 육포, 우윳가루, 시리얼, 비스킷, 청국장, 건빵, 말린 과일, 미숫가루, 육회, 샤브샤브, 햄버거…. 전혀 상관이 없어 보이는 이 음식들에는 한 가지 공통점이 있습니다. 바로 고대로부터 전투식량으로 보급되었다는 점입니다. 군대에서 원활한 식량 보급은 군인들의 전투력과 사기를 유지하기 위한 중요 과제입니다. 대량의 식량 운반에는 노동력, 연료, 차량 등이 필요합니다. 전투식량은 바로 먹을 수 있어야 하고, 운반하기 쉬워야 하며, 장기 보존할 수 있어야 합니다.

이런 이유로 시대를 막론하고 전투식량에 대한

요구는 지속되어왔습니다. 용이한 운반성과 고열량 제공, 장기간 보존 가능성에 초점이 맞춰져서 다양한 전투식량이 연구되고 세상에 등장했습니다. '통조림'만 해도 나폴레옹이 정복 전쟁을 벌이던 19세기에 등장한 '병조림'이 깡통으로 바뀐 것입니다. 시레이션[C-RATION]이나 MRE 같은 간편식이 바로 군인을 위한 전투식량입니다.

고대와 중세에는 제대로 된 전투식량이 없었습니다. 휴대가 가능하고 오랫동안 상하지 않는 음식이 전투식량으로 제공되었습니다. 대표적으로 육포, 말린 과일, 건빵 등입니다. 스칸디나비아반도에 살던 바이킹의 경우에는, 밀가루와 물과 소금으로 만든 납작빵[빵과 유사]이나, 버터와 겉보리를 섞어 구운 과자와 육포, 그리고 청어나 대구를 말린 생선포 등을 전투식량으로 활용했다고 합니다.

생선포라고 해서 요즘에 먹는 어포를 생각하기 쉽지만 바이킹의 어포는 몽둥이 대신 무기로 사용할 수 있을 정도로 딱딱했습니다. 그래서 부드러워질 때까지 두들겨서 먹었다고 합니다. 또 엄청나게 짜서 물 없이 먹는 건 정말 대단한 일이었을 것입니다. 전투식량이라 맛을 어느 정도 희생시킬 수밖에 없었겠지만 바이킹이 먹던 생선포는 죽지 않으려고 먹는 음식이라는 생각이 들 정도입니다.

전투식량은 장기 보관과 휴대 간편성을 추구했기 때문에 단순하고 맛도 덜하지만 그 나름대로 종류가 다양합니다. 그럼, 물류와 관련해 몇 가지 전투식량을 살펴보겠습니다.

케밥

이태원이나 홍대 주변에는 튀르키예인이 운영하는 케밥집이 있습니다. 우리나라 산적과 유사한 꼬치구이 음식 케밥^{kebab}은 고대 튀르키예어로 '불에 구운 고기'를 의미합니다.

《음식이 상식이다》^(윤덕노 지음, 더난출판사, 2015)에 따르면, 지금의 튀르키예 영토인 아나톨리아반도에 포진한 동로마제국군을 공격하던 셀주 크튀르크제국 군인들이 야전에서 고기를 구워 먹은 것이 케밥의 유래입니다. 그 시기를 대략 11세기 후반인 1070년 경으로 보고 있습니다. 한편으로는 몽골 지역 유목민들이 먹던 꼬치구이에서 시작해서 중앙아시아를 거쳐 튀르키예에 전해진 뒤 지금의 케밥이 나왔다는 이야기도 있습니다.

원래 케밥은 쇠고기를 비롯한 각종 육류를 얇게 썰어 양념을 입

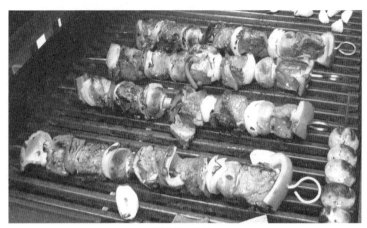
케밥 ©Glen Edelson

힌 뒤 검에 꽂아 불에 구워 미리 준비한 야채와 함께 먹는 전투식
량이었습니다. 그러다 일반인도 먹는 음식으로 발전하면서 쇠꼬챙
이나 막대기에 꽂아 구워 먹는 방식으로 바뀌었습니다. 다양한 재
료와 300가지가 넘는 조리법이 있어 그 종류도 다양하지만, 기본
적으로는 불에 구워 먹는 꼬치 음식입니다.

　케밥이 전투식량으로 보급된 건 조리와 휴대의 간편성 때문일
것입니다. 찰나의 순간에 생사가 오가는 전쟁터에 나선 군인은, 어
쨌든 잘 먹어야 전투도 할 수 있고 사기도 유지할 수 있습니다. 하
지만 고깃덩어리를 구우려면 연료도 많이 들고 시간도 많이 걸립
니다. 매사가 급박하게 돌아가는 전쟁터에서 느긋하게 고기를 구
울 수도 없습니다. 얼른 전투에 나서야 하는 경우가 있어 빨리 고

기를 구워 먹어야 했습니다. 그래서 고기를 얇게 썰어 검에 꽂아 구워 먹는 케밥을 고안했을 것입니다. 시간도 절약하고 먹기도 편하니까요.

또한 케밥은 고기를 얇게 썰기 때문에 부피가 적어 운송과 보관 역시 편했을 것입니다. 여기에 더해 고깃덩어리를 바베큐하는 것보다 땔감이 적게 들기 때문에 보급 부담이 덜했을 것입니다. 즉, 선투식량으로서 케밥은 아주 적격이었습니다.

그런데 케밥의 원조가 튀르키예인지는 논란이 분분합니다. 특히 셀주크튀르크보다 먼저 존재한 많은 나라에서 케밥을 먹은 기록이 있습니다. 따라서 케밥을 전투식량으로 먹은 건 11세기 셀주크튀르크군보다 더 오래전에 다른 나라의 군대일 것으로 보입니다. 당장 호머가 튀르키예의 고대 제국들이 존재했던 시대보다 훨씬 전인 서기전 8세기 무렵에 쓴 서사시《오디세이아》에는 케밥을 연상하게 하는 음식 묘사가 있다고 합니다. 참고로《오디세이아》의 배경이 되는 도시국가 트로이는 바로 지금의 튀르키예에 있던 나라입니다.

예나 지금이나 튀르키예 지역은 동서양을 연결하는 징검다리 같은 곳입니다. 이런 지정학적 특성상 워낙 많은 민족과 국가, 특히 유목 민족들이 튀르키예 지역을 거쳐 갔습니다. 이 때문에 자의든 타의든 화덕과 숯으로 음식을 구워 먹는 문화가 발달할 여건이 갖춰져 있었을 것입니다. 다만, 휴양지로 유명한 그리스 산토리니에서 서기전 17세기경에 만든 것으로 추정되는 케밥^(수불라키)용 화덕을

고대 그리스의 꼬치구이용 그릴

발견한 점으로 미뤄보면, 몽골에서 꼬치구이 음식이 전래되기 전부터 여러 지역에 독자적인 꼬치구이 음식이 있었을 것이란 추측도 가능할 듯합니다.

이런 배경으로 알렉산드로스대왕이 이끄는 원정군도 셀주크튀르크군과 마찬가지로 지금의 파키스탄, 아프가니스탄, 인도 지역에까지 진격했을 때 전투식량으로 적격인 케밥(수블라키)을 먹었을 것입니다. 당시 기준으로는 상상할 수 없는 먼 거리까지 이동한 알렉산드로스대왕의 마케도니아군에게 식량 보급은 보통 큰일이 아니었을 겁니다. 충분한 양을 확보하는 것도 어렵겠지만, 장거리 원정을 나가 있는 부대에 엄청난 양의 식량을 포함한 군수물자를 제때 수송하는 것은 그야말로 엄청난 일이기 때문입니다.

알렉산드로스대왕의 동방 원정은 튀르키예와 이집트를 포함해 당시 유럽인이 동방의 끝으로 생각한 지금의 인도, 파키스탄, 아프가니스탄으로까지 이어졌습니다. 원정 거리는 무려 3만 5000킬로미터였습니다. 서울-부산 간 거리가 대략 왕복 650킬로미터 정도인 걸 생각하면, 알렉산드로스대왕의 원정 거리는 서울과 부산을 쉰네 번가량 왔다 갔다 해야 할 정도입니다.

지금 기준으로 보아도 말도 안 되는 장거리 원정에, 순수 알렉산드로스대왕의 직속 병력만 해도 기병 1800명에 보병 4만 3000명, 그리고 동맹군과 비전투 지원병력까지 합하면 10만 명에 육박하는 군대가 동원된 것입니다. 병력 규모와 식량 수송 거리도 문제이지만, 가축과 인력에 의존하던 당시 수송 장비와 열악한 도로 등을 생각하면 보급을 담당하는 쪽보다 전투에 참여하는 게 속 편했을지도 모릅니다.

이런 여러 어려움을 감안하면 수송의 편의성과 효율성을 위해 군인에게 제공할 식량은 장기간 보존이 가능하고 부피와 중량을 최소화한 케밥^(수블라키)이 적격이었을 겁니다.

전투식량으로서 역할을 한 케밥은 튀르키예 고유의 음식이 아닐 수도 있습니다. 여하튼 케밥은 튀르키예에서 발전해 세계 여러 나라에서 즐겨 먹는 음식으로 퍼졌음은 분명 사실입니다.

육회와 햄버거

필자가 초등학교에 입학하기 전 외할머니께서는 남대문시장에서 수입 상품 판매점을 하셨습니다. 둘째 이모할머니께서도 남대문시장에서 같은 일을 하셨습니다. 그 덕분에 필자는 어릴 때부터 '미제' 이유식과 초콜릿을 마음껏 먹을 수 있었습니다. 남대문시장에 있던 햄버거와 토스트 판매점에서 즉석으로 만들어 팔던 햄버거와 오렌지주스도 많이 먹었습니다. 그때 먹었던 햄버거에는 패티와 계란프라이, 케첩으로 버무린 채소가 들어 있었습니다.

청바지, 콜라와 함께 햄버거는 미국 문화의 상징으로 여겨집니다. 햄버거를 미국 음식으로 아는 분도 있을 테고 함부르크에서 유래한 독일 음식으로 생각하는 분도 있을 겁니다. 그런데 예상과 달리 햄버거의 원류를 탄생시킨 사람들은 서역이라고 불린 중앙아시아와 몽골 지역에서 살았던 몽골인, 그리고 튀르키예족 계열의 타

오스만제국과 타타르족 기병이 선봉에 나선 세게트바르 원정 그림 ©Lokman

타르^{Tatar}인이었습니다.

몽골인과 타타르인은 풀과 물을 따라 떠돌아다녀야 하는 유목 민족이었습니다. 그들은 가축을 키우기 좋은 장소를 만나면 이동식 가옥을 설치하고 정착 생활을 했지만, 가축 먹일 풀과 물이 떨어진다든가 전쟁을 할 때면 새로운 장소로 이동을 해야 했습니다. 대체로 장거리 이동이 많아 자리를 잡고 불을 피워 요리하기 힘들었습니다. 그렇다고 며칠씩 굶어가며 이동할 수도 없고 매번 날고기만 먹을 수도 없었습니다. 그래서 이들은 별도 조리가 필요 없는 간편한 음식을 개발했습니다.

몽골인과 타타르인은 이동 전에 양이나 소를 도축합니다. 날고기를 잘게 다지거나 갈아서 운반하기 편하면서도 먹기 좋게 만든 후 타고 다니는 말 안장 밑에 깔아 둡니다. 갓 잡은 날고기는 육질이 질기기 때문에 바로 먹기 어렵습니다. 말 안장 밑에 깔고 다니면 말에서 나오는 땀으로 양념이 되고 안장과 말 사이의 마찰로 고기가 부드러워집니다. 덩어리 상태의 날고기는 불에 굽지 않으면 먹기 힘들지만, 안장 밑에 깔아 둔 고기는 조리하지 않고도 편하게 먹을 수 있습니다.

유목민들은 이 날고기를 소금과 후추 같은 기본 향신료와 양파 (춈)같이 고기 냄새를 잡을 수 있는 채소를 함께 곁들여서 먹었다고 합니다. 가만 보면 빵만 없지 다진 고기 패티와 기타 내용물이 햄버거의 재료와 상당히 비슷해 보입니다. 유목민들의 다진 날고기 요리는 뒤에 설명할 발효된 콩과 함께 먹으면 적은 양으로도 많은 에너지를 얻을 수 있는 음식입니다. 특히 이동 중에도 먹을 수 있어 전투할 때 아주 적합합니다.

이런 이유로 아시아와 유럽을 공포에 떨게 했던 칭기즈칸과 그의 후손들이 이끄는 군대 역시 햄버거 패티의 원형인 다진 날고기를 먹어가며 전투를 치렀습니다. 이와 더불어 살아 있는 말의 피도 몽골군의 체력을 유지해주는 영양식이자 중세의 패스트푸드였습니다.

칭기즈칸과 그의 후손들이 지휘한 몽골군은 유목 민족이어서 현대전에서 전차 부대 역할을 하는 기병을 축으로 전투를 벌입니다. 공성전 전술도 배워 금나라와 호라즘 제국의 성곽을 상대로 효과적으로 싸웠지만, 역시 몽골족의 주특기는 기병전이었습니다. 현대전에서 전차를 이용해서 적의 방어선을 돌파하는 전격전처럼, 이들도 스피드를 앞세워 적군에 충격을 최대한 가하는 방식을 선호했습니다. 또 전군의 전투병화를 추구해 효율성의 극대화를 상당히 중시하는 성향이 강했습니다.

몽골은 서하, 카라키타이, 호라즘 등 멀리 떨어진 왕국을 상대로 장거리 원정을 나서야 했습니다. 적이 방어 태세를 제대로 갖추기 전에 공격해야 승산이 있었지요. 수적으로 우위인 적을 상대로 전투를 벌여야 했기 때문에 시간을 다퉈가며 이동해야 했습니다. 한가하게 음식을 해 먹을 여유가 없었습니다. 불을 피우다가는 적에게 자신의 위치를 알릴 수 있었기 때문에 불이 없어도 먹을 수 있는 음식이 필요했습니다.

이런 이유로 몽골군 역시 날고기를 안장에 깔아 두었다가 달리는 말 위에서 배고프면 양념을 해서 먹었다고 합니다. 몽골 기병은 기동력을 극대화하기 위해 식사도 말 위에서 할 정도였습니다. 또 전투에 나서게 되면 한 사람당 여러 마리의 말을 데리고 전투에 나셨습니다. 필요할 때면 말의 혈관에 살짝 상처를 내서 신선한 피를 마셨다고 합니다.

날고기, 발효된 날 콩, 살아 있는 말의 피 등으로 간단하지만 영양분이 충분한 음식을 섭취하면서 몽골군은 말을 갈아타면서 쉬지 않고 이동할 수 있었습니다.

몽골군의 이런 식사는 그들의 물류 체계와 관련이 있습니다. 호라즘 제국이 몽골 사신을 죽이고 물품을 빼앗은 일이 발단이 되어 칭기즈칸이 서방 원정에 나섰을 때였습니다. 몽골군은 15~20만 명으로 거의 모두 전투병이었습니다. 다른 나라 군대는 전투병과 비전투병이 함께 전투에 나섰지만, 몽골은 인구가 적었기 때문에 전투병 한 명이 아쉬운 상황이라 비전투병을 최소한으로 운용해야 했습니다. 몽골군이 훗날 점령지 주민을 징발해서 공병이나 일반 노동병 또는 '화살받이'로 내몬 것도 이러한 까닭일 듯합니다.

호라즘 제국 공격에 나선 몽골군의 규모는 다른 나라의 관점으로 보자면 비전투 병력까지 합해 30~40만 명 규모의 전투 부대로 보는 견해가 일반적입니다. 대부분 전투병이었기 때문에 보급을 책임지는 수송 부대는 미미했습니다. 더구나 보급 부대는 전투 부대의 진군 속도를 따라갈 수 없었습니다. 즉, 보급 부대와 전투 부대의 간격이 커지면 보급이 원활하지 않게 되니, 이로 인한 전투의 차질을 막아야 했습니다. 특히나 속공이 승패의 중요 요소인 몽골군 입장에서는 속도가 느린 보급 부대를 기다리느라 전투 부대의 진격이 지연되면 그만큼 적이 방어를 강화할 시간을 벌어주기

칭기즈칸의 장손 바투

때문에 낭패를 볼 수 있습니다. 반대로 보급 부대를 기다리지 않고 진격만 하면 보급이 끊어져 전투 지속 능력을 잃게 됩니다. 결국 몽골군은 다른 나라의 군대와는 다른 운용 방식이 필요했습니다. 그래서 다진 날고기 같은 간편식이 필요했을 것입니다.

　이러한 몽골군의 전통은 칭기즈칸의 손자 대에도 계승됩니다. 여진족이 중국 북부와 만주 지역에 세운 금나라가 망한 지 2년 뒤인 1236년에 칭기즈칸의 장손자 바투^(바투 칸)가 이끄는 몽골군이 본격적으로 시작한 서방 원정을 통해 몽골군의 전투식량인 다진^(같은) 날고기가 러시아에 전해집니다.

　말 안장에 날고기를 깔고 다니다가 필요하면 양념을 해 먹는 몽

계란노른자를 곁들인 스테이크 타르타르 ©insatiablemunch

골군을 본 러시아인도 몽골인의 음식을 먹기 시작하면서 서양식 육회가 생겨났습니다. 러시아의 서양식 육회에는 '스테이크 타르타르'라는 이름이 붙었고 동유럽은 물론이고 프랑스와 독일에까지 전파되었습니다. 14세기에는 독일 도시이자 중세 유럽의 무역 중심지인 함부르크에도 스테이크 타르타르가 전해집니다.

함부르크에 전해진 스테이크 타르타르는 날고기에 대한 거부감을 없애기 위해 조리법이 바뀌었습니다. 함부르크의 한 상인이 바비큐나 로스트비프처럼 불에 구워 먹기 좋게 조리했습니다. 재료도 양고기에서 쇠고기와 돼지고기로 다양하게 변합니다. 스테이크 타르타르는 조리법과 재료가 변하면서 '함부르크 스테이크'라는 이름으로 불렸습니다. 함부르크 스테이크는 19세기 독일계 이민자들을 통해 미국으로 건너가 햄버거의 원형이 되어, 19세기 후반에 지금의 햄버거가 탄생했습니다.

　몽골족의 날고기 요리는 동쪽으로도 전해졌습니다. 한국^(고려)에서는 우리가 즐겨 먹는 육회로 변형이 되었습니다. 육회와 스테이크 타르타르는 계란노른자를 얹어 먹는다는 점에서 상당히 비슷합니다.

잠깐!) 중계무역과 중개무역

국가 간 공급망 연계가 밀접해지면서 무역은 다양한 형태로 진행되고 있습니다. 그중에서 의미를 혼동하기 쉬운 무역 형태가 바로 '중계무역'과 '중개무역'입니다.

중계무역은 매개인이 중간에서 수출입 거래를 위해 양쪽을 오가며 구매자와 판매자의 역할을 수행합니다. 반면, 중개무역에서 매개인은 수출입업자 중간에서 양측을 소개해주는 역할을 합니다. 중계무역의 매개인은 물품 소유권을 가지고 있지만, 중개무역의 매개인은 실물 자산 없이 수출입업자 간 중매를 주선하고 수익원도 다릅니다.

중계무역은 물품을 가지고 있는 매개인이 최종 수출을 할 때 제품 원가에 자신의 수익을 얹어서 얻는 수출입 차액이 이익의 원천이 됩니다. 반면, 중개무역의 매개인은 거래 당사자들 소개만으로 업무가 종료되기 때문에 중개수수료가 수익의 원천이 됩니다.

부동산 거래로 보면, 중계무역은 부동산업자가 돈이 될 만한 아파트나 건물을 사서 가지고 있다가 살 사람과 협의해서 조건이 맞으면 매물을 내놓는 거래입니다. 중개무역은 부동산 판매인과 매수인이 거래 상대방을 찾지 못해 거래를 못하고 있는 상황에서 부동산업자가 매매를 원하는 사람을 소개하고 소개비를 받는 방식입니다. 즉, 중계무역의 매개인은 부동산 전문 투자 사업가이고, 중개무역의 매개인은 부동산 소유자가 아니지만 매매 희망인들을 소개하는 부동산 소개업자인 셈입니다.

콩과 청국장

우리가 흔히 콩이라고 부르는 대두는 우리나라에서 대략 서기전 2000년경부터 재배해서 먹기 시작한 것으로 알려졌습니다. 고조선, 고구려, 발해의 영토였던 만주 지역이 원산지입니다. 원산지란 이름에 걸맞게 1940년대 중반까지는 만주와 한반도 북부 지역이 전 세계 콩 수요의 거의 대부분을 책임질 만큼 최대 콩 농사 지대였습니다. 지금은 미국, 브라질 등 아메리카 지역에서 콩을 가장 많이 생산합니다.

한국은 콩 농사에 적합한 나라여서 콩나물처럼 한국만의 독특한 콩 요리가 있습니다. 한국인만 먹는 콩 요리가 다양하고 독특해서 청국장 같은 음식은 한국인만 먹을 듯합니다. 그런데 부탄, 네팔, 인디아, 나이지리아 등 의외로 많은 나라에서도 먹습니다. 아마 콩을 발효시켜 먹는 방법이 간단해서 그런 듯합니다.

　많은 나라에서 즐겨 먹는 콩 발효식 가운데 청국장은 만주를 누비던 한민족의 조상이자 북방 기마인이었던 맥족과 고조선·고구려계 사람들이 주식으로 삼은 것으로 보입니다. 만주 일대는 콩을 가장 먼저 재배해서 식량으로 삼았던 곳이니만큼 당연히 고조선과 고구려에서 콩을 주식으로 삼았을 것이고, 콩을 이용한 발효 식품인 청국장 역시 가장 먼저 만들어 먹었을 테지요.

　북방에 살던 고조선과 고구려 사람들은 유목과 수렵도 했습니다. 이동이 불가피한 생활이었기에 음식을 운반하고 저장하는 일이 꽤나 신경 쓰였을 것입니다. 이들에게 청국장은 편리한 식량이었습니다. 먹기 좋게 콩을 삶은 뒤 몽골족의 날고기 음식과 마찬가지로 말 안장 밑에 깔아 사람과 말의 체온으로 며칠 동안 자연 발효가 되도록 해서 필요할 때마다 그 자리에서 바로바로 꺼내 먹을 수 있기 때문입니다. 또 수분이 적어 장기간 보존이 가능하고 변형이 쉬워 부피를 줄일 수 있습니다. 게다가 육포나 곡물 가루와 마찬가지로 별도로 조리하지 않고도 먹을 수 있습니다. 적은 양으로 많은 영양을 얻을 수 있는 고단백질 식품이기도 합니다. 이동 생활을 하는 유목민이나 군인의 식량으로는 더할 나위 없이 적합한 음식입니다. 그래서 기마 민족인 고구려인에게 삶은 콩을 발효시킨 음식은 늘 휴대해야 하는 필수 식량이었습니다.

　영화 〈안시성〉을 보면, 안시성주 양만춘(조인성 분)의 부관이 안시성으로 합류하려고 찾아온 고구려 군사 가운데 두 명의 말 안장 밑에

이동 중인 쿠치족

삶은 콩이 없는 걸 확인하고는 그들을 의심하는 장면이 나옵니다. 그만큼 삶아 발효시킨 콩은 고구려군이라면 반드시 챙겨야 하는 필수품이었습니다. 다만, 당시에는 이를 '청국장'이 아니라, '시豉'라고 불렀습니다.

중앙아시아 지역에도 콩을 발효시킨 음식이 있습니다. 아프가니스탄 북부 지역에 사는 쿠치족Kuchis의 '씨(또는 쒸)'라는 음식은 한국의 청국장과 유사합니다. 쿠치족도 삶은 콩을 말 안장 밑에 깔고 다닙니다. 이렇게 며칠 동안 다니면 삶은 콩이 발효됩니다. 고구려인이나 몽골인의 발효 방식과 비슷하지만, 쿠치족은 일본의 낫토처럼 하얀 실이 나올 때까지 삶은 콩을 발효시킵니다. 염분 섭취를 위해 암염 가루를 양념으로 해서 이 음식을 먹는다고 합니다.

고구려와 교류했던 다른 유목민들의 음식에는 '씨'란 음식이 나오지 않습니다. 다만 콩을 발효시킨 음식을 의미하는 '시'와 쿠치족의 음식 '씨'의 발음이 유사한 점, 그리고 중국에서 '시'를 외국 음식으로 기록한 점을 보면, 한국에서 중국으로 전해진 '시'가 중앙아시아에 전해지면서 '씨'라고 불린 듯합니다.

3세기 중국 서진의 문인 장화張華가 지은 백과사전인 《박물지博物志》에 외국엔 중국의 '떠우츠豆豉'와 비슷한 '시'를 만드는 기술이 있다는 기록이 있습니다. 이런 점에서 육류를 발효시킨 장을 먹던 중국과 달리 고조선과 삼국시대 사람들은 대두를 발효시켜 장을 만들어 먹었으며, 한반도의 독자적인 장 제조법이 서역인의 식생활에 영향을 미친 것으로 보입니다.

서역인 역시 이동 생활을 하는 유목 민족이었기 때문에 여러모로 '시'가 매력적이었을 것입니다. 재배하기 쉽고 거친 환경에서도 잘 자라는 콩을 발효시킨 '시'는 휴대성과 보존성이 좋고 고단백질 식품인지라 중앙아시아에 전해지자 마자 빠르게 퍼져 나갔을 것입니다. 이런 장점 덕분에 한국과 몽골에서 그랬듯 서역인도 전투식량으로 '시'를 애용했을 것입니다.

'시'의 다른 이름인 청국장은 그 유래에 관한 논쟁이 있습니다. 1760년, 의관이자 농학자인 유중임柳重臨에 의해 발간된 《증보산림경제增補山林經濟》라는 농업 서적에 '청국장'이 처음 등장합니다. 청국장을 '淸國醬'이라고 한자로 표기했고, 짧은 시간에 발효시켜 먹을 수 있게 만든 장으로 청나라 군사의 전투식량이었기 때문에 청국장 또는 전국장戰國醬이라고 알려졌다 합니다.

그런데 이는 사실과 다릅니다. 중종 22년(1527년)에 최세진崔世珍이 만든 한자 학습서인《훈몽자회訓蒙字會》에는 '전국시'라고 기록되어 있으며, 1613년과 1660년에 출판한《훈몽자회》에도 '천국시'와 '청국시'라고 각각 쓰여 있습니다.[12] 즉, 이미 '청국장'이라는 말이 우리나라에 있었습니다. 정묘호란과 병자호란 때 청국장과 유사한 청나라군의 대두 발효 식품을 우리나라의 청국장과 같은 음식으로 오인한 탓에 청국장은 중국 청나라 때 우리나라에 전해진 음식이라고 왜곡되었을 것입니다. 청군의 콩 발효 음식이 우리나라의 것과 동일했는지 여부는 확실하지 않다고 합니다.

콩은 식물성 단백질이라 성인병에서 자유롭습니다. 거기다 청국장은 소금 없이 발효시키는 저염식이어서 나트륨 과다 섭취 염려도 없습니다. 인체에 유익한 유산균 성장을 촉진하는 바실루스 균도 있고 인삼에도 들어 있는 항암 물질 사포닌과 혈전 용해 효소인 나토키나아제도 함유하고 있습니다.

고대와 중세에 전투식량으로 요긴하게 활용되었던 청국장(시)은 현대에 들어와서는 건강식으로 자리 잡았습니다.

소시지와 순대

제가 대학생 때 여러 번 읽은 책 가운데 에드거 스노^{Edgar Snow}가 쓴 《중국의 붉은 별^{Red Star over China}》이 있습니다. 이 책은 미국 신문기자인 에드거 스노가 32세 되던 1936년에 공산당 점령 지역인 산시성 바오안에서 공산당군을 이끌고 있던 마오쩌둥과 여러 인물을 인터뷰한 기록을 토대로 만든 책입니다.

그가 만난 인물 가운데 리더^{李德}라는 흥미로운 사람이 있었습니다. 본명이 오토 브라운^{Otto Braun}이란 도이칠란트인입니다. 그는 중국의 혁명을 도우라는 스탈린의 지시에 따라 국제공산당 기구인 코민테른이 파견한 중국 공산당의 군사고문이었습니다. 오토 브라운은 직접 소시지를 만들기도 해서 바오안 도심 근처의 집 대문 앞에 소시지를 실에 매달아 말리고 있었다는 내용이 책에 나옵니다.

그런데, 소시지는 독일의 고유 음식이 아니라고 합니다. 고대 로마제국을 공포로 몰아넣었던 훈족과 중세 유럽을 휩쓴 몽골군의 전투식량에 영향을 받아 탄생한 음식이 소시지라고 합니다. 즉, 전쟁 와중에 동서양이 만나 유럽에 전해진 순대가 소시지가 되었다고 합니다.

반론도 만만치 않습니다. 유럽과 중동 역시 가축을 기르는 유목민족이 살았던 데다 이들은 육식을 했습니다. 겨울에는 가축을 먹일 풀이 나지 않아 사료 공급에 문제가 없도록 개체 수 조절이 필요했기 때문에 가축을 도축해서 고기와 내장을 오랫동안 보관해 먹어야 했기 때문입니다.

다른 지역도 순대나 소시지를 독자적으로 만들어 먹을 수 있는 여건을 갖추고 있었습니다. 실제로, 지금으로부터 5000~7000년 전에 이라크의 티그리스-유프라테스강 유역에 고대 국가를 건설한 수메르인이 소시지를 먹었다고 알려졌습니다. 이들은 고기의 보존 기간을 늘이기 위해 가축의 창자를 비워내고 고기와 피를 다져서 채소와 함께 넣고 향신료와 소금으로 양념을 해서 훈제한 요리를 먹었다고 합니다. 조리 방식과 재료를 보면 지금의 소시지와 별 차이가 없어 보입니다. 수메르인의 영토가 있던 이라크 지역이 덥고 음식이 상하기 쉬운 걸 떠올리면 이들 역시 고기를 장기간 보관해서 먹을 수 있게 소시지를 고안했을 것으로 보입니다.

약 3500년 전인 서기전 1500년경에 존재한 중바빌로니아왕국^(카시트왕조)의 기록에도 소시지에 관한 이야기가 남아 있습니다. 중바

블랙푸딩(左)과 해기스

빌로니아왕국 역시 지금의 이라크 지역에 존재했던 고대 왕국이라는 점을 생각하면, 이곳에도 수메르인의 소시지와 비슷한 음식이 있었을 것입니다.

　유럽만 해도 고대 그리스로마 시대 때 가축 내장에 피를 넣어 만든 순대가 있었다는 기록이 있습니다. 잉글랜드에서도 돼지 피를 넣은 블랙푸딩black pudding을 먹는다고 합니다. 스코틀랜드엔 송아지나 양의 내장으로 만드는 해기스haggis라는 음식이 있습니다.

　이런 점에서 동서양 모두 저 나름대로 가축 내장에 다양한 재료를 넣어 조리해 먹는 음식이 있었다고 볼 수 있습니다. 전쟁이나 무역 등 다양한 접촉을 통해 서로의 내장 요리에 영향을 주고받았을 것입니다.

　동서양에서 오래전부터 먹기 시작한 내장 요리는 유목 민족 특히 중세 몽골군의 기동성과 병참 분야의 효율성을 높여주는 전투식량으로 큰 역할을 했습니다. 몽골이 초원 지대에서 시작해 단숨에 방대한 영토를 점령할 수 있었던 원동력으로는 몽골군의 우수한 전투력과 기동성 그리고 효율적인 병참 체계를 들 수 있습니다. 유럽, 중국, 중앙아시아를 두루 누빈 몽골군은 콩 발효 식품과 말안장에 깔고 다니며 먹던 날고기에다 보르츠борц, 게데스гэдэс 등 다양한 전투식량을 보유하고 있었습니다.

게데스는 순대, 소시지와 유사한 음식으로 유목 생활을 하는 몽골인이 만들 수밖에 없는 음식입니다. 전쟁이 나면 속공이 주특기인 몽골군이지만 귀한 식량원인 가축이 있어야 잘 먹어가면서 싸움을 할 수 있습니다. 그런데 이동 속도가 느린 가축을 데리고 전쟁터에 나갈 수는 없어서 다른 방법으로 보급 문제를 해결해야 했습니다. 그래서 가축을 도살한 뒤 육포와 게데스를 만들어야 했습니다.

게데스는 수분이 적어 가벼웠고 오래 보존할 수 있으며 휴대성이 좋습니다. 가축의 내장에 잘 발라낸 살과 피를 넣어 먹었기에 가능했습니다. 특히, 살과 피를 담는 내장은 끈으로 창자 양쪽 끝을 묶으면 오랫동안 밀봉 상태를 유지할 수 있어 장거리를 이동하는 몽골군에게 더 없이 좋았습니다. 또 미리 굽거나 쪄두면 나중에 바로 먹을 수 있었습니다. 불확실성이 가득한 전쟁터에서 게데스를 먹고 전투력을 회복해 금방 전투에 참가할 수 있으니, 게데스는 전투식량으로 최적이었습니다.

기록을 보면 수적으로 우월한 유럽 군대를 상대로 고대의 훈족과 중세의 몽골군이 대승을 거둘 수 있었던 원동력이 전술의 우위와 기동성이었다고 합니다. 이 '스피드'를 뒷받침한 것이 게데스를 포함한 다양하고도 효율적인 전투식량입니다.

앞서 살펴본 대로 우리가 일상에서 군것질로 먹는 순대는 원래 유목민이 이동을 하거나 전쟁을 치를 때 전투식량으로 먹었던 음식입니다. 지역별로 다양한 재료를 이용한 터라 지역 특색이 있는 음식이었습니다.

일반적으로 순대는 몽골의 영향을 받아 고려 시대부터 먹은 것으로 알려졌습니다. 하지만 삼국시대부터 먹었을 것으로 추정합니다. 이를 뒷받침하는 근거로 서기 532~549년 사이에 북위의 산동성 고양 태수 가사협賈思勰이 쓴, 중국 농업 서적 가운데 가장 오래된 《제민요술齊民要術》에 양의 창자로 만드는 순대에 관한 최초의 기록을 들 수 있습니다. 이런 점에서 최초의 순대는 양고기로 만든 것으로 보여집니다.

고구려·백제·신라도 순대를 6세기 즈음 먹었을 것입니다. 또한, 《제민요술》이 한반도와 가까운 산동반도에서 나온 책인 걸 감안하면 당시 고구려·백제·신라의 음식 관련 내용도 반영된 듯합니다. 북방 기마민족이 세운 국가인 고구려는 물론이고 백제와 신라도 오랫동안 전쟁을 치르면서 전투식량에 대한 필요성이 컸을 것입니다. 그러니 수송하기 편하고 장기 보존성도 좋은 데다 영양분도 풍부한 순대를 중국의 영향을 받기 전에 저들 나름대로의 방식으로 만들어 먹었다고 보는 게 합리적입니다.

독자적인 한국의 순대 요리도 있었을 겁니다. 그런데 '순대'라는 이름은 만주어로 선지(血)와 내장을 의미하는 단어인 '셍지 두하'에서 유래한 것으로 보입니다. 고려 시대 때 몽골식 순대인 게데스가 전해진 점을 보면 중국, 특히 북방 유목 민족의 영향을 받았을 것입니다.

셍지 두하 외에도 '순타'라는 말도 있습니다. 만주어 의미를 한글과 한문으로 설명한 어학 사전으로 정조 3년(서기 1779년)에 펴낸 《한청문감漢淸文鑑》에 따르면, 순타는 '고기가 들어 있는 소형 자루'란 뜻으로 북방 유목 민족의 전투식량인 내장 요리(순대)를 의미합니다.[13] 한국어인 순대와 발음이 거의 비슷한 걸 보면 '셍지 두하'보다 '순타'가 순대의 어원일 가능성이 더 높아 보입니다.

몽골의 게데스가 고려에 전해지고 난 뒤 개성의 돈 많은 상류층은 잡냄새를 없애고 돼지 지방을 최대한 줄이기 위해 쌀겨나 밀겨를 먹여 키운 돼지 내장으로 순대를 만들어 먹었습니다. 이를 순대라 부르지 않고 최고의 내장 요리라는 뜻을 가진 '절창絶脹'이란 이름으로 불렀다고 합니다.

조선 시대 때에는 개·소의 내장, 명태·오징어·대구의 내장과 민어 부레와 같은 해산물을 재료로 순대를 만들었습니다. 보관 방식도 지역에 따라 차이가 있었는데, 함경도처럼 추운 지방에서는 북유럽 지역과 마찬가지로 '명태순대'를 비롯한 각종 순대를 얼려서 보관하다가 익혀서 먹었다는 기록이 있습니다. 이에 더해, 윤승운 화백이 그린 만화 〈탐험대장 떡철이〉에도 '곰순대'에 관한 이야기

오징어순대 ⓒShinae Bang

가 나옵니다.

그만큼 다양한 재료로 순대를 만들어 먹었다는 점, 그리고 유일하게 순대를 탕이나 국으로도 먹었다는 점을 고려하면, 과거 우리나라에서도 독자적인 순대 요리가 발달한 것으로 보입니다. 게다가 선지에 메밀과 보릿가루를 섞은 내용물을 창자에 넣어 만든 제주도 순대처럼 각 지역별로 독자적인 순대가 존재합니다. 재료와 조리법이 다양했던 걸 보면 과거 우리나라에서도 몽골군 못지않게 순대를 전투식량으로 애용했을 것입니다. 다만, 우리는 육식이 주식이 아니기 때문에 미숫가루 같은 다른 전투식량을 더 애용했을 뿐입니다.

바게트와 비스킷

프랑스 빵 하면 길고 딱딱한 바게트 빵을 떠올리는 분이 많습니다. '바게트'란 말은 프랑스어로 '막대기'를 뜻합니다. 아마 다른 빵보다 길어서 바게트란 이름이 붙었을 것입니다.

겉은 딱딱하고 속은 부드러운 바게트는 19세기에 오스트리아 빈에서 먹던 빵이 프랑스에 전해져 프랑스식으로 변형된 것이라고 합니다. 한편으로는 프랑스의 절대군주인 태양왕 루이 14세와 루이 15세의 재위 기간인 17세기 후반에서 18세기 중반에 이미 바게트의 원형이 있었다고도 합니다.

바게트가 원래 전투식량이라는 정보도 있습니다. 프랑스의 정복자 나폴레옹이 19세기 초 러시아 정벌에 나섰을 때 원활한 식량 수송을 위해 그리고 병사들이 간편하게 휴대할 수 있도록 고안해낸

초르니 흘렙 ©Dmitry Makeev

빵이라는 이야기입니다. 그런데 이건 호사가들이 지어낸 이야기인
듯합니다.

　10여 년 전 일입니다. 해방 후에 북한에서 살다가 월남한 실향민
한 분을 알게 되었습니다. 그분은 당시 80대였는데, 기억력도 좋고
굉장히 박식했습니다. 이따금 해방 직후의 이야기를 들려주곤 했
는데, 소련군 전투식량에 관한 이야기도 있었습니다.

　해방 후 북한에 주둔한 소련군은 러시아어로 '초르니 흘렙^{Chorny}
^{hleb}'이라고 부르는 전투식량을 허리춤에 차고 다녔다고 합니다. 호
밀로 만든 흑빵인데, 소련군은 배가 고프면 어린애들 베개 크기만
한 이 빵의 속을 뜯어서 먹었고, 잘 때는 껍질이 단단한 이 빵을 베
개처럼 베고 자기도 했답니다.

　바게트 역시 이와 비슷했을 겁니다. 초르니 흘렙만큼이나 바게
트도 크고 껍질이 단단해서 수송하기에도 편하고 휴대하기에도 좋

바게트 ©Yann Forget

은 데다 베개로도 쓸 수 있으니, 전투식량으로 쓰기에 적합했을 듯
합니다. 나폴레옹이 전투식량으로 택했다는 이야기도 그래서 나왔
을 것입니다. 더구나 바게트는 계란을 넣지 않고 만드는 빵입니다.
즉, 물자가 부족한 전시에도 생산 제약을 덜 받는 음식입니다.

　그런데 사실 바게트가 전투식량이었다는 이야기는 어디까지나
사람들 선입견이 만들어낸 허구입니다. 실제 전투식량으로 사용한
건 비스킷입니다. 비스킷은 밀가루에 우유와 버터 그리고 계란을
넣어 만드는 군것질 음식입니다. 원래 비스킷은 효모 없이 물과 밀
가루만으로 반죽해 굽습니다. 아무 맛도 없는 '서양식 건빵'인 셈이
지요. 다만 오늘날 마트에서 파는 '건빵'과는 완전히 다릅니다. 비
스킷은 '두 번 구운 빵'이라는 이름이 생겼을 정도로 장기간 보존
하기 위해 수분 제거에 중점을 두고 만들어졌습니다.

　최초의 비스킷은 수수와 기장으로 만들었습니다. 고대 로마제국
과 중동 지역에서는 밀로 비스킷을 만들어 먹었는데요, 이 지역 사
람들이 애용한 비스킷을 '십비스킷The Ship's Biscuit'이라고도 불렀다고

십비스킷

합니다.

 십비스킷은 수분이 거의 없게 만든 음식이다 보니 장기간 보존할 수 있었고, 줄어든 부피 덕에 운반도 편했습니다. 하지만 같은 이유로 맛이 없었고 씹을 때도 불편했습니다. 그래도 장기 보존성과 운송의 편리함 덕분에 이미 오래전부터 많은 지역에서 장거리 교역이나 탐험 등을 할 때 이동 식량이나 전투식량으로 사용해왔습니다. 고대 이집트인과 사막을 횡단하며 무역을 하던 고대 서아시아인은 물론이고, 고대 로마제국군도 부켈룸^{buccellum}이란 십비스킷을 전투식량으로 애용했습니다. 중세에도 전투식량으로 그 가치를 이어갔습니다.

 문명이 발달하면서 새로운 전투식량을 만들 법도 했을 텐데, 비스킷은 정말 오랫동안 여러 나라에서 전투식량으로 사용되었습니다. 1190년에 '사자심왕^{The Lion Heart}'이라고 불리던 영국의 왕 리처드 1세^{Richard I}가 십자군 전쟁에 참전할 때 '무슬림의 비스킷^{biscuit of Muslim}'

이라고 불리던 십비스킷을 배에 싣고 출항했다는 기록이 있습니다. 이후 15~16세기에도 신대륙 탐험을 위해 항해에 나선 선원들의 중요한 식량이었습니다. 1861년 시작한 미국 남북전쟁 때도 전투식량이었을 만큼 십비스킷은 19세기에 병조림과 통조림이 등장한 뒤에도 한동안 전투식량으로 존재 가치를 이어왔습니다. 지금은 군것질거리로 먹는 과자의 대명사로 비스킷이란 이름을 유지하고 있습니다.

십비스킷은 맛은 둘째 치고 딱딱하기가 벽돌 수준이어서 그냥 먹으면 이를 다치기 딱 좋은 수준이었다고 합니다. 군인들이 이를 딱딱한 군용 장비라는 의미를 가진 '하드택^{Hard Tack}'이라고 부른 것도 아마 이 때문이었을 것입니다. 그래서 물에 넣어 불려서 먹어야 했습니다. 대항해 시대 때는 선원들에게 지급되는 피클의 레몬즙과 함께 먹기도 했답니다. 도저히 그냥 씹어 먹을 수 없어 물이나 음료를 곁들여야 먹을 수 있었습니다.

이러한 단점이 있었지만, 전투식량으로서 비스킷을 대체할 것이 마땅치 않았기 때문에 19세기에 병조림과 통조림이 등장하기 전까지 비스킷은 전투식량이나 장거리 항해 식량으로서의 지위를 오랫동안 유지할 수 있었습니다. 오늘날에도 '소형 비스킷'이라 할 수 있는 '건빵'이 군대에 보급됩니다. 다만 전투식량이라기보다는 군것질거리나 기호 식품으로 지위가 바뀐 듯합니다.

한국 최초의 전투식량

한국인이 많이 먹는 명태는 버리는 부위가 없는 생선입니다. 명태, 정확히는 북어가 한국 최초의 전투식량이었다는 사실을 아는 사람은 많지 않습니다.

윤승운 화백이 그린 《큰 사람들의 이야기》라는 1993년에 출판된 만화에 전투식량이 등장합니다. 을지문덕 장군이 이끄는 고구려군이 수나라군을 물리치는 이야기가 있습니다. 7세기 당시의 고구려군은 전투 기간 동안 육포, 엿, 미숫가루를 먹으면서 싸움을 했다고 합니다. 또 1968년 1월 21일, 북한 특수전 부대인 124부대 소속 김신조 등 31명이 청와대를 습격했습니다. 이때 그들은 엿, 오징어, 육포, 미숫가루를 휴대하고 남한에 침투했습니다.

이들 이야기를 읽고 보면서 육포, 미숫가루, 엿이 오래전부터 그리고 최초의 전투식량이었을 거라고 여겼습니다. 그런데 이 책을 쓰려고 자료를 수집하면서, 미숫가루와 북어가 우리나라 최초의 전투식량이었음을 알고는 의외감을 느꼈습니다. 미숫가루야 최초의 전투식량이라는 학설이 당연해 보이지만 생각도 못 한 북어가 최초의 전투식량이었다는 자료를 보고는 다소 놀라웠습니다.

명태를 말린 건어물인 북어는 삼국시대 신라 때부터 미숫가루와 함께 애용된 한국 최초의 전투식량입니다. 신라 사람들은 북어를 상비약처럼 꼭 있어야 하는 필수품으로 여겨 미숫가루와 함께 집집마다 비상식량으로 갖춰놓았다고 합니다. 전쟁이 터지면 저마다 집에 미리 준비해둔 미숫가루와 북어를 챙겨 참전하거나 피란했습니다. 서기 660년 김유신 장군이 백제를 정벌할 때 미숫가루를 비상식량으로 썼다고 합니다. 이를 보면 처음에는 북어만 전투식량으로 사용하다가 나중에 미숫가루를 함께 전투식량으로 사용했던 것으로 보입니다.[14]

그런데, 정말 북어가 한국 최초의 전투식량이었을까 하는 의문이 들었습니다. 바로 명태에 관한 기록 때문입니다. 명태가 한란성 어종임을 생각하면 한반도 남쪽에 있던 신라에서 명태를 일상식으로 많이 먹었을 것 같지 않습니다. 조선 시대 들어 명태를 먹기 시작했을 가능성이 높아 보입니다. '명태'란 이름이 조선 시대 함경도 명천에 사는 태씨 성을 가진 어부가 잡아 올렸다는 데서 유래했고, 명태를 말린 생선이 북어인 걸 생각하면, 명태를 말린 북어가 정말 한국 최초의 전투식량일 수 있겠는가 하는 점에서 앞뒤가 맞지 않

건조 중인 명태 Image by Freepik

아 보입니다. 오히려 신라 시대 때에는 다른 생선을 말려 전투식량으로 먹었는데, 신라 북쪽 지역에서 잡히던 생선이라 북어라는 이름을 붙여 전투식량으로 먹었고, 세월이 흘러 명태를 말린 북어가 신라에서 전투식량으로 먹은 생선으로 와전되었을 거란 추측을 조심스럽게 해봅니다. 다만, 이는 개인적인 의문이고 자료를 찾아보면 북어와 미숫가루가 한국 최초의 전투식량이었다는 의견이 정설입니다.

미숫가루 역시 한국 최초 전투식량입니다. 쌀 등의 곡식을 말려 가루를 내서 물만 부으면 먹을 수 있는 미숫가루는 한국 최초의 전투식량이자 국가대표 장기 보존식 가운데 하나입니다. 가루식인 미숫가루는 부피가 작고 무게가 가벼워 운반이 편하고 휴대성이 우수합니다. 미숫가루를 만드는 곡식은 그대로 쓰지 않고 찌거나 볶은 뒤 건조시켜 가루로 만드는 과정에서 수분이 줄어 곰팡이나 세균이 번식할 조건을 줄이기 때문에 장기간 보존이 가능합니다.

이런 까닭으로 7세기에 신라군이 미숫가루를 전투식량으로 사용했을뿐더러, 오랫동안 한국에서 전투식량 또는 구황식으로 애용했습니다. 특히, 통일신라 때 승려 진표율사가 찐쌀을 먹으며 끼니를 해결했다는 기록이 있는 걸 보면 최소 당시부터 미숫가루를 먹었을 것으로 보입니다.

고려 시대 때도 미숫가루를 전투식량으로 애용했습니다. 당시 몽골에도 곡물 가루에 우유, 물, 버터를 넣어 반죽해서 떡처럼 뭉쳐 먹는 '미스가라'가 있었습니다. 몽골은 목축 사회의 성격이 강해 곡물류는 거의 먹지 않습니다. 이를 볼 때 고려의 미숫가루가 몽골에 건너가서 미스가라로 변형되었을 것입니다.

조선 시대 때도 전투식량으로 미숫가루를 사용한 기록이 나옵니다. 조선 시대, 특히 국가의 틀이 완전히 잡히지 않았던 초기에는 여진족 때문에 국경 지역이 늘 시끄러웠습니다. 여진족 토벌을 목적으로 이때 동원한 군사들에게 미숫가루를 지급했다는 기록이 있습니다. 단순히 국경 지역을 침범한 여진족을 격퇴하는 데서 그치지 않고, 국경 너머 여진족의 근거지가 있는 만주 지역에까지 진출해서 여진족을 소탕하는 적극적인 방어전을 벌여야 했습니다. 그런데 보급선이 길어져 보급이 끊어지더라도 식량에 곤란함이 없도록 하기 위해 미숫가루를 병사들에게 공급했을 것입니다. 1636년에는 청나라군이 병자호란을 일으킵니다. 이때도 지위 고하를 막론하고 미숫가루를 먹었다는 기록이 있습니다.

이러한 사례를 보면 미숫가루는 전쟁이 일어나면 반드시 챙겨야 하는 한국인의 비상식량이자 전투식량임을 알 수 있습니다.

미숫가루를 전투식량으로 사용하던 '전통'은 1894년에 봉기한 동학농민군이 계승했고 1950년에 발발한 한국전쟁 때도 이어졌습니다. 당시 한국군은 전투식량으로 건빵과 미숫가루를 먹었다고 합니다.

다양한 식재료를 쓰는 중국에도 미숫가루를 전투식량으로 애용했다는 기록이 있습니다. 원나라를 무너뜨리고 한족이 세운 명나라는 '북로남왜北虜南倭'라는 말에서 알 수 있듯이, 15세기부터 북쪽의 칼무크족(서몽골 종족)과 타타르족 그리고 남쪽 지방을 약탈하는 왜구 탓에 막대한 피해를 입었습니다. 그래서 토벌전으로 인한 인적·물적 자원의 소모가 심했습니다. 특히, 왜구는 치고 빠지는 전법으로 중국 해안 지역을 약탈하고는 즉시 도주했습니다. 명나라군 입장에서는 제대로 토벌하기가 무척 어려웠습니다.

16세기 명나라 장수 척계광戚繼光은 왜구들이 도주하기 전에 길목을 차단하고 포위해서 섬멸시키는 게 토벌전의 상책임을 알았습니다. 왜구의 도주로를 차단하기 위해서는 군사가 빠르게 이동할 수 있는 능력을 갖춰야 한다는 결론을 내렸습니다. 방법을 찾은 척계광은 병사들에게 미숫가루를 지급해서 이동 중에도 식사를 할 수

미숫가루 ⓒ한국민족문화대백과사전

있도록 했습니다.

효과는 확실했습니다. 기동성이 높아진 척계광의 군사는 수년간
의 격전 끝에 왜구 토벌에 성공합니다. 척계광이 지은 병서《기효
신서紀效新書》에는, 검과 창을 이용해 보병 위주의 접근전에 능한 왜
구 토벌의 방책인 절강병법浙江兵法을 비롯해, 훈련에서 보급까지 군
사를 조련하고 부대를 운영하는 데에 필요한 내용이 모두 담겨 있
습니다. 또 미숫가루가 왜구 토벌에 큰 공을 세웠다는 내용이 있어,
미숫가루가 전투식량으로서 큰 역할을 했음을 알 수 있습니다.

현대전에서도 미숫가루는 중국군의 전투식량으로 큰 역할을 했
습니다. 국공내전이 끝난 지 1년도 지나지 않은 때라 장비도 보급
도 변변치 못한 상태에서 1950년 한국전에 참전한 중국군은 미숫
가루를 병사들에게 공급했습니다. 전쟁이 한창이던 1950년 9월,

국공내전에서 큰 공을 세운 린뱌오^{林彪}가 미국의 상륙작전을 예상하는 등 중국 입장에서 전황이 나빠질 수 있다고 전망했습니다. 북한군이 패하는 만일에 대비해 충분한 식량을 저장해놓고 한국전 참전에 대비해야 했습니다.

그런데 막상 참전하고 보니 전황이 생각했던 대로 돌아가지 않았습니다. 지상전에서는 한국군과 미군을 상대로 선전을 벌였지만, 공군력에서는 미국을 당해낼 수 없었습니다. 후방 기지는 물론이고 수송 장비 대부분도 미국에 공습당하면서 보급선이 붕괴되었습니다. 이 때문에 전선의 병사들에게 식량을 비롯한 군수물자를 필요량의 절반도 공급하지 못했습니다. 거기다 휴전 협상에서 유리한 입장을 차지하기 위해 한국군과 미군을 상대로 주요 고지에서 격전을 벌이느라 병사들이 한가하게 식사를 만들어 먹을 형편도 못 되었습니다. 제대로 된 보급을 할 수 없고 미군의 '시레이션^{C-ration}' 같은 제대로 된 전투식량도 없다 보니, 고육지책으로 보존성과 휴대성이 좋은 미숫가루를 병사들에게 지급한 것입니다.

한국과 북한도 미숫가루를 전투식량으로 사용하긴 했지만, 중국군에게 지급한 미숫가루는 쌀로 만든 한국의 미숫가루와 달리 밀가루를 주원료로 하고 수수 등 잡곡을 약간 섞어 만들었습니다. 탈수 방지와 염분 섭취에 문제가 없도록 소금을 첨가물로 넣었다고 합니다.

북한 역시 미숫가루를 전투식량으로 애용했습니다. 전쟁이 끝나고 한국에 침투시킨 남파 간첩들의 소지품 혹은 간첩선에서 미숫가루가 발견된 걸 보면 북한 역시 오랫동안 미숫가루만 한 전투식량이 없다고 생각한 모양입니다.

이처럼 오랫동안 미숫가루는 전투식량으로 '사랑'받았습니다. 그런데 언제부터 한국 사람들이 일상에서 미숫가루를 먹었는지는 정확하게 알려져 있지 않습니다. 게다가 독자적으로 미숫가루를 개발했는지 여부도 불분명합니다. 외국에서 전해졌을 가능성도 있습니다.

삼국시대 때는 미숫가루를 '미식靡食'이라고 불렀습니다. 인도의 '미디'와 비교했을 때 발음의 유사성을 강하게 느낄 수 있습니다. 인도의 미디가 한국 미숫가루에 영향을 미쳤음을 짐작할 수 있습니다. 무엇보다 가야 왕국의 시조인 김수로왕에게 인도 아유타국의 공주인 허황후가 시집올 때 차를 혼수품으로 가져온 것처럼, 미숫가루 역시 인도를 거쳐 한국으로 전해졌을 가능성도 있습니다. 다만, 곡물을 가루로 내서 전투식량이나 여행용 식량으로 먹는 방식은 고대 그리스, 로마 지역은 물론이고 북유럽에도 있었습니다. 이를 고려하면, 한국에서도 오래전부터 독자적으로 미숫가루의 원형이 되는 음식이 있었다고 생각할 수도 있습니다.

중국에서는 서기전 12세기 무렵부터 미숫가루를 먹었던 것으로 추정합니다. 따라서 중국의 미숫가루가 한국과 인도 그리고 유럽 지역에까지 전파된 것으로 보는 시각도 설득력이 있습니다.

음식을 말려서 장기간 보존하는 방법은 세계 공통입니다. 미숫가루처럼 말린 곡물을 가루로 만들어 먹는 방법은 많은 지역에서 우연히 그 방법을 알게 되어 비상식량 또는 전투식량으로 애용했다고 보는 편이 더 타당할 듯합니다.

전쟁터에서 군인들의 배고픔을 달래주는 역할을 한 미숫가루이지만 웃지 못할 일의 주인공이 된 적도 있었습니다. 조선 광해군 즉위 4년째 되는 해인 1611년이었습니다. 전라도 방위를 총괄하는 전라도 도병마사 유승서柳承瑞가 봄철 군사 훈련을 위해 각 군영에 짚신과 미숫가루 같은 훈련용 물자를 확보하라고 공문을 내렸습니다. 그런데 이게 와전되어 전쟁이 일어날 거라는 헛소문이 퍼졌습니다.[15] 당시는 임진왜란이 끝난 지 13년밖에 안 되어 전쟁의 상처가 남아 있을 때라 사람들이 피란을 준비하는 소동이 일어났습니다. 생각지 못한 소동으로 민심이 뒤숭숭해지자 사간원에서 유승서를 파면해야 한다는 상소를 연이어 광해군에게 올립니다. 광해군은 자신의 소임을 충실히 행한 장수를 처벌할 수 없다며 막았으나 끊임없이 파직 요청 상소가 올라오는 터라 유승서는 도병마사 자리를 내놓아야 했습니다.

미숫가루는 그만큼 오랜 시간 동안 많은 나라에서 전투식량으로 군인들의 주린 배를 채워주고 피란민들에게 영양을 제공하는 등 큰 역할을 한 음식이라 그 존재 가치로 인해 너무 큰 해프닝의 주인공이 되었을 것입니다.

잠깐!) 바터무역과 구상무역

무역의 형태 중 바터무역Barter Trade은 일종의 물물교환입니다. 바터무역은 자동차 공장 건설에 필요한 설비를 제공하고 대금을 공장에서 생산한 자동차로 받는 것처럼, 연관성이 있는 상품 또는 설비를 교환하는 바이백Buy-Back무역과 연관성이 떨어지는 품목을 가지고 동일한 교환 방식으로 수출입 교역을 하는 구상무역, 두 형태로 나뉩니다.[16]

구상무역은 교역 당사자가 협정을 맺어 일정 기간 물물교환을 통해 동일 규모의 수출입을 해서 교역을 할 때마다 대금을 지급하는 번거로움을 더는 장점이 있습니다. 특히 외화가 없는 국가의 숨통을 터주는 효과가 있어 개발도상국이나 블록 경제권에서 상당한 역할을 합니다. 또한 재정이 취약한 국가의 물자 확보와 국민 생활 안정에 유용하며 무역 적자 감소에 도움이 되는 무역 형태입니다.

세계경제가 발전하고 국제무역 형태가 발달해도 물물교환 형태의 구상무역은 계속 존재할 것입니다. 경제 위기가 닥쳐서 교역 침체가 심해졌을 때 이를 조금이라도 완화해주는 역할을 구상무역이 하기 때문입니다. 어떻게 보면 진부한 형태의 교역이지만 구상무역의 순기능이 가진 의미는 결코 작지 않습니다.

 **패를 가른 단팥빵**

지금은 일상 음식이지만 원래 전투식량이었던 케밥이나 순대 같은 음식을 앞서 소개했습니다. 반대로 전투식량으로 사용된 일상 음식도 있습니다. 개중에는 '이걸 전투식량으로 먹었다고? 이거 실화냐?' 하며 놀랄 만한 음식도 있습니다

어느 날, 집 근처 빵집 계산대 앞에 안내문이 붙어 있었습니다. 읽어보니 최초로 단팥빵을 만든 사람인 기무라 야스베^{木村安兵衛}에 관한 이야기였습니다.

서양 빵을 일본화한 단팥빵을 만든 '기무라야^{木村屋}'의 주인장 기무라 야스베는 처음부터 빵집 사장님은 아니었습니다. 원래 그는 낫토 생산지로 유명한 도쿄 동쪽의 이바라키현 출신 사무라이였습니다. 도쿠가와 막부 사람으로 당시 에도라 불리던 도쿄에서 복무

기무라 야스베와 단팥빵 ©木村屋総本店

하고 있었습니다. 지금으로 치면 친위대 장교였던 셈이죠.

당시는 일본에 근대화의 물결이 몰려오던 때였습니다. 권력을 쥔 기득권층은 당연히 이에 반발했습니다. 이바라키현의 사무라이들 역시 끝까지 반발하다 몰락했습니다. 기무라 역시 몰락해서 노후가 막막한 상황이었지요. 그러다 우연한 경험을 계기로 직업 훈련원에서 교육을 받고는, 1870년 서울의 명동 격인 긴자에 기무라야 빵집을 차리게 됩니다. 빵집 주인장이 된 기무라는 왕의 측근인 야마오카 텟슈山岡鉄舟의 도움으로 유명세를 타게 됩니다.

야마오카는 원래 막부파였지만 왕의 집사인 시종과 왕실 일을 보는 궁내부 차관을 지내기도 한 메이지 왕의 측근이었습니다. 기무라가 사무라이였을 때는 연이 있는 동료였습니다만, 근대화에 반발해 자기 주군에게 저항한 기무라를 무작정 도울 수는 없었습니다.

야마오카는 고도의 정치력을 발휘합니다. 기무라야의 단골이었던 야마오카에게 기무라와 단팥빵은 일본 정부가 모든 국민을 통합해서 일본의 발전을 추구하고 있다는 걸 알리기에 좋은 선전거리였습니다. 직업 훈련원의 교육 효과와 존재 가치를 높이기에도 좋은 소재였습니다.

이런 이유로 야마오카는 1875년 4월 벚꽃 축제에 참석하는 일왕의 다과에 단팥빵을 포함시킬 것을 제안합니다. 이 과정에서 막부를 지키겠다면서 끝까지 덤벼든 이바라키현 놈에게 뭘 믿고 일을 맡기냐는 등 반대에 직면하면서, 야마오카의 구상은 실행 단계에서 어려움을 맞닥뜨렸습니다.

그래도 우여곡절을 거쳐 기무라야의 단팥빵은 메이지 왕의 다과상에 올려졌습니다. 벚꽃 놀이에 참석한 메이지 일왕이 소금에 절인 벚꽃을 올린 단팥빵을 만족스럽게 여기자, 이 모습을 본 사람들의 입에서 입으로 단팥빵 소문이 퍼졌습니다. 이 덕분에 기무라야의 단팥빵은 감당 못 할 정도로 인기를 얻었습니다. 기무라는 막부 몰락으로 졸지에 실업자가 된 뒤 빵집이 자리를 잡을 때까지 고생한 보상을 모두 받을 수 있었습니다.

벚꽃 행사에 참석한 일왕의 다과에 올려진 일을 계기로 개화기 일본 국민에게 인기를 얻은 단팥빵은 전투식량으로도 존재 가치를 또 한번 과시합니다. 바로 1877년 1월부터 9월까지 있었던 세이난전쟁에서 단팥빵이 정부군의 전투식량으로 보급되어 승리에 기여한 것입니다.

세이난전쟁은 톰 크루즈가 주연했던 영화 〈라스트 사무라이The Last Samurai〉의 후반부에서 벌어진 전투 장면의 배경이기도 합니다. 일본의 귀족인 사무라이들의 몰락을 가져온 세이난전쟁은 기득권 상실에 불만을 품은 일본 서부 지방의 유력 영주들이 정한론征韓論(1870년대를 전후로 한 일본의 조선 침략론)을 내세웠던 사이고 다카모리西郷隆盛를 중심으로 모여 일으킨 반란입니다. 이 반란을 진압한 '공신'이 바로 단팥빵인 셈입니다.

강제로 문호를 개방하긴 했지만 1868년부터 시작한 급속한 근대화로 일본은 아시아 국가 가운데 유일하게 근대화에 성공한 국가로 발돋움했습니다. 하지만 상층부의 주도로 짧은 시간에 급속하게 이룬 근대화였기 때문에 그 부작용 또한 만만치 않았습니다. 특히, 기존 사무라이들의 반발은 해결하기 어려운 숙제였습니다. 왕정 체제를 지지한 사무라이들은 왕권 강화를 위해 열성을 다했습니다.

왕권파 입장에서는 사무라이 계급이 아무리 막부 타도의 일등공신이라고 해도 없애야 할 눈엣가시였습니다. 막부 타도에 성공한 메이지 정부는 1871년에 지방 봉건 영주들의 통치권을 빼앗고 단발령을 실행합니다. 1876년에는 사무라이들의 연금 혜택 폐지와 사무라이도 칼을 지니고 다닐 수 없다는 법령, 폐도령廃刀令을 선포합니다. 즉, 특권과 권위의 상징까지 빼앗았습니다.

사무라이들은 처음엔 불만이 있어도 '세상이 바뀌었으니 어쩌겠어?' 하고 받아들였을지 몰라도, 사무라이의 상징인 칼을 들고 다

세이난전쟁 당시 칼을 손에 쥐고 앉아 있는 사이고 다카모리와 사무라이들

니는 것도 금지되자 반감 또한 커졌을 것입니다. 여러 특권과 혜택이 폐지되자 사무라이들의 불만이 각지에서 반란으로 표출이 되었습니다. 결국 일본 본토인 큐슈섬의 가장 남쪽에 있는 가고시마현에서 사이고 다카모리를 중심으로 1877년 2월에 사무라이들이 본격적인 반란을 일으킵니다.

반란이 일어나자 반란군은 3만 명까지 병력이 늘어났습니다. 거기다 장거리 타격전에서는 정부군에 밀렸지만 접근전에서 우위를 보여서, 정부는 이들을 진압하기 어려웠습니다. 당시만 해도 일본의 철도망이 조밀하지 못한 때라 병력 이동 또한 시간이 걸리는 등의 이유로 초기 진압은 실패하고 말았습니다. 하지만 정부군은 화력과 보급 면에서 우위에 있었습니다. 이 덕에 결국 정부는 반란 진압에 성공합니다.

이때 타바루자카 전투에서 단팥빵이 정부군의 승리에 기여합니다. 반란 발생 한 달 뒤인 1877년 3월, 정부군과 반군은 구마모토성 인근 타바루자카라는 언덕에서 13일 간 격전을 벌여 정부군이 승리했습니다. 당시 폭우가 자주 내려 양측 모두 고생이 심했습니다. 특히, 반란군의 소총은 구식이어서 비가 내리자 불발 확률이 높았습니다. 무명옷에 짚신 차림이라 비가 오면 많이 불편했습니다. 게다가 폭우 탓에 죽기 살기로 싸우는 전쟁터에서 밥도 제대로 못 먹는 형편이라 정부군에 비해 열세였습니다. 비가 오니 제대로 밥을 지어먹을 수도 없었고, 여건이 되어도 한가하게 밥을 지어 먹을 형편도 못 되었습니다. 휴대용 전투식량으로 밥을 지어 주먹밥을 만들어 가지고 다니다가 먹는 방법도 있었지만, 주먹밥은 부피가 커서 휴대성이 나빴습니다. 장기간 보관하기도 어려웠습니다. 설상가상으로 반군은 보급에서도 취약했습니다. 결국 제대로 먹지 못하고 싸워야 하니 접근전에 능한 사무라이라고 해도 전투력을 유지하기 어려웠습니다.

반면, 정부군은 11톤 트럭 열세 대 적재 분량인 142톤의 단팥빵을 기무라야를 포함한 제과점 세 곳에서 납품받아 타바루자카 전투에 참가한 장병들에게 전투식량으로 지급했습니다. 학생들에게 급식을 제공하는 것도 아니고 격전을 치르는 군인들에게 단팥빵을 공급했다는 게 뭔가 이상할 법도 합니다. 하지만 단팥빵은 전투식량으로 큰 역할을 했습니다. 물론, 142톤이나 되는 빵을 전쟁터까지 수송하는 게 보통 일이 아니었을 겁니다. 일본인들이 오랫동안 주식으로 먹은 쌀밥보다 못한 데다 단팥빵에 곁들일 변변한 찬거리가 없으니 식사의 질은 나빴을 겁니다. 하지만 식사도 제대로 못하고 굶어가면서 싸우는 반란군보다는 사정이 훨씬 나았습니다.

납품 일정과 수량을 맞추기 위해 기무라야는 북새통이 따로 없었을 겁니다. 그래도 정부군의 전투식량으로 단팥빵이 지급되면서 정부군의 식사 문제를 해결하고 승리에 기여한 덕에 기무라야의 단팥빵은 왕실 납품에 이어 다시 가치를 증명합니다.

쌀을 주식으로 하는 일본이 전투식량으로 단팥빵을 지급한 건 당시 기준으로 상당히 파격적이라고 할 수 있습니다. 급속한 근대화의 대상 가운데 하나인 군사 분야를 근대화하는 과정에서 전투식량도 시대에 맞게 개선할 필요가 있다는 인식이 이를 가능하게 했을 겁니다. 1840년대에 청나라가 영국과 치른 아편전쟁에서 영국군의 전투식량과 중국인이 먹던 호떡을 일본도 보았을 테지요. 일본 군부에서도 전쟁터에서 일일이 밥을 지어서 병사들에게 제공하는 것보다 빵을 지급하는 게 효율적이라고 생각했을 것입니다.

이런 배경에서 건빵의 원형이 되는 일본식 군용 빵이 등장합니다. 물과 함께 먹으면 하나만 먹어도 충분할 만큼 포만감이 좋지만 딱딱해서 식감은 빵점이었다고 합니다. 1868년과 1877년에 벌어진 내전에서 일본 정부는 전투식량으로 밥 대신에 빵을 병사들에

긴자에 있는 기무라야 빵집

게 지급했습니다. 두 차례 내전 때 전투식량으로 지급된 빵은 각각 깨와 단팥을 넣은 빵이었습니다. 자체 개발한 군용 빵은 서양식 건빵이나 바게트에 가까워서 병사들의 선호도가 낮을 것 같아 거부감이 덜한 깨빵이나 단팥빵을 지급했을 것입니다.

일본 근대화의 산물이자 한 사람의 생계 유지를 위한 노력으로 탄생한 단팥빵은 일본 왕실에 이어 군대에까지 납품하면서 맛과 가치를 모두 인정받았습니다. 우리가 일상에서 먹는 단팥빵은 처음부터 전투식량으로 탄생한 음식이 아니지만, 전투를 치르는 군인들의 전투식량으로 사용되면서 일본의 역사를 바꾼 음식임에는 틀림없습니다.

남북전쟁과 연유 그리고 믹스커피

어릴 적에 보았던 고전 영화 가운데 〈바람과 함께 사라지다^{Gone} with the Wind〉는 19세기 미국 남부를 배경으로 하고 있습니다. 남북전쟁^(미국내전) 시기를 다룬 영화여서인지 극중 초반에 애슐리의 집에 모인 남부 남자들이 참전 의지를 강하게 드러냅니다. 전쟁이 일어나면 남군이 북군을 쉽게 이길 수 있을 것처럼 왕성한 사기를 보이지요. 그런데 단 한 사람, 사우스캐롤라이나주에 있는 항구 도시이자 남군의 주요 물자 보급 기지인 찰스턴에서 온 레트 버틀러^(클라크 게이블 분)만이 그들과 다른 의견을 보입니다.

남자들의 흥분을 가라 앉히고 현실을 깨닫게 하려는 듯, 레트 버틀러는 승리에 대한 믿음을 강하게 보이는 그들에게 남군의 문제점을 조목조목 지적합니다. 버틀러는 남부 지역에 제대로 된 무기 생산 공장이 없고, 북군 함대가 남부군의 물자 보급을 차단할 능력이 있다는 점을 언급합니다. 레트 버틀러는 '바다의 귀신'으로 불리며 북군 함대의 해상 봉쇄를 뚫고 물자를 조달하는 선박의 선장이자 밀수업자입니다. 그래서 그는 이미 남군의 취약점을 정확하게 꿰뚫어 보았습니다. 그런데 남자들은 현장 감각이 전혀 없을뿐더러 세상 물정 모르는 상류층인지라 버틀러의 말을 헛소리로 치부했습니다.

실제로 남북전쟁이 벌어졌을 때 남군은 북군에 비해 보급이 취약하다는 점을 드러냅니다. 남북전쟁은 군수물자와 병력의 수송을 철도에 의존한 최초의 전쟁이었습니다. 남군은 군수 조달 능력을 보여주는 철도 시설이 북군의 상대가 안 되었습니다.

1861년에 남북전쟁이 시작되었을 때 미국 전역의 철도망은 4만 6670킬로미터 정도였습니다. 링컨이 대통령으로 있던 미국 북부 지역의 철도 길이는 3만 2186킬로미터로 전체 철도 길이의 69퍼센트에 달했습니다. 열차, 통신·신호 기기, 철도 보수 장비 등 철도망 보수와 유지에 필요한 장비는 북부 지역이 81퍼센트를 가지고 있었습니다.[17]

이에 비해, 남부 지역의 철도 길이는 북부 지역 철도망 규모의 45퍼센트 수준이었습니다. 게다가 '표준궤'와 '광궤' 철도가 혼재되어 있어 철도의 폭이 제각각 달랐습니다. 특히, 주요 교차 지점의 철도가 표준궤에서 광궤로 바뀐 경우가 많았습니다. 보급을 하려면 이 기차에서 저 기차로 보급품을 옮겨 실어야 했습니다. 이런 일에 시간을 버린 탓에 철도 자원이 효율적이지 못했습니다.

또 느슨한 연방제하에서 산업구조가 목화 재배 위주인 남부에 비해 북부는 철강과 기계 등 철도 산업을 떠받치는 제조업이 우세했습니다. 그런 데다가 북부는 중앙집권 체제를 유지한 터라 철도 국유화와 정부 주도의 철도망 확충 등 전쟁 수행을 위한 효율성을 높일 수 있었습니다.

북군은 남군의 철도망을 열심히 파괴했습니다. 남군 입장에서는 미치고 팔짝 뛸 노릇이었습니다. 피해를 입었어도 바로 복구했으면 전쟁이 덜 힘들었을 텐데, 각 주의 독립성이 강한 탓에 남부는 철도망 복구도 지지부진했습니다. 이런 상황에서 남부는 병력과 물자 수송은 물론이고 군수품 생산을 위한 원자재 수송까지 차질을 빚었습니다.

해상 보급도 딱히 대안이 아니었습니다. 해군력이 우세한 북군이 찰스턴항을 비롯한 남군의 해안 요충지와 내륙 수로까지 봉쇄하는 '아나콘다 작전'을 전쟁 개시 한 달 만에 시작합니다. 가뜩이나 공업 생산력도 떨어지고 농업도 상업 작물이 주류인 남부는, 공업 지역인 데다 농업 기계화도 우세한 북부보다 식량 생산력도 떨어졌습니다. 한마디로 전쟁 수행 능력이 북부에 비해 현저히 열세였습니다.

빵과 염장 베이컨, 커피를 보급받는 북군이 '질 낮은 식사'를 불평할 때, 남군은 무 등 채소류와 동부콩 같은 사료용 곡물과 딱딱한 건빵을 먹어야 했습니다. 남군은 여러 곡물의 뿌리와 민들레 뿌

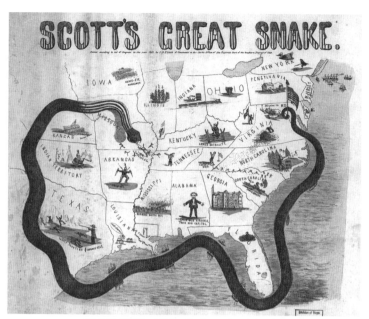

아나콘다 작전을 나타낸 그림 지도 ⓒ미국의회도서관

리, 고구마나 견과류를 볶아 만든 대용 커피를 마시며 싸워야 했고, 군복이나 군화도 없어 사복에 계급장을 표시해 참전했다고 합니다. 우리나라 1960년대에서 1970년대에 정부가 커피 수입을 금지하자, 다방에서는 콩가루를 태우거나 콩을 볶아서 커피 맛을 낸 대용 커피를 팔았다고 합니다. 마셔보지 않아 맛이 어떤지 모르지만 남북전쟁 때 남군이 마신 것보다는 훨씬 나을 듯합니다.

기본 물자도 제대로 보급되지 않으니 남군 병사들의 사기가 말이 아니었을 테지요. 그나마 전쟁의 무대가 남부 지역이었기 때문에 '내 고향'을 북군으로부터 지킨다는 책임감과 남군 장교가 북군 장교보다 능력이 좋은 덕분에 4년 동안 북군의 공격을 버텨낼 수 있었습니다. 그렇지만 아무리 강한 책임감을 가지고 싸운다고 해도 헐벗고 굶주리는 건 본능적으로 참을 수 없습니다. 남군은 북군을 포로로 잡으면 군화부터 빼앗았습니다. 수송 부대를 공격하면 식료품을 실은 화차부터 찾는 등 노획한 물자로 부족한 보급을 해결했다고 합니다.

2차 세계대전 말에 물자 부족이 극심해진 독일군이 연합군을 포로로 잡으면 소위 '루즈벨트 보급'을 받았습니다. 포로들이 지닌 보급품을 약탈하는 등 열악한 보급 상황을 노획 물자에 의존했습니다. 남군의 모습은 마치 그러한 독일군의 모습을 연상시킵니다. 독일군이 미군 포로를 잡으면 반드시 뺏을 정도로 인기 있는 품목이 '콜라'였다고 합니다. 그렇듯 남북전쟁 당시 남군에게 가장 인기 있던 노획 물자 하나가 고당분의 농축 우유인 '연유'였습니다.

연유는 부피가 작아 휴대성이 좋고 전체 설탕 함유량이 반을 넘을 정도로 당도가 높아 장기간 보관할 수 있었습니다. 칼슘과 인이 풍부한 '영양식'이라 전투식량으로 제격이었습니다. 제대로 된 식사는 꿈도 못 꾸는 남군에겐 필수 영양 보충식이었습니다. 모르긴 해도 북군에게 연유를 노획한 남군 병사들은 좋아라 하면서 먹다가도 '우린 왜 이런 연유 보급도 제대로 안 되는 걸까?' 하고 생각하지 않았을까요? 그런 의문과 함께 전쟁을 하는 이유와 승리할 수 있을지에 대해서도 고민했을 것입니다. 연유를 통해서 알게 모르

남북전쟁 당시 보든이 만든 연유. ⓒEagle Family Foods Group LLC.

게 염전^{厭戰} 분위기가 번졌을 것입니다.

연유는 원래 엿을 고아 만드는 것처럼 솥이나 냄비에 우유를 붓고 계속 끓이면서 설탕을 첨가해서 졸여서 만듭니다. 이렇게 전통적인 방식으로 만들던 연유를 신문 발행인이자 낙농제품 회사 보든의 창업주 게일 보든^{Gail Borden}이 2년간 연구한 우유 농축 기술을 써서 1856년에 대량 생산에 성공합니다. 문제는 연유에 대한 수요가 거의 없다는 점이었습니다. 게일 보든의 사업은 곧 자금난에 시달렸습니다. 하지만 품질과 안전성이 보장된 우유 공급망의 혜택을 보지 못하는 도시인 사이에서 보든의 연유가 인기를 얻습니다. 남북전쟁 기간에는 북군과 연유 납품 계약도 맺습니다. 1861년에는 뉴욕 와사익에 첫 번째 공장을 세우더니 뉴욕과 일리노이에 새 공장을 연이어 세우면서 사업은 확장세를 이어갔습니다.

앞에서 설명했듯 연유는 전투식량에 요구되는 간편성, 장기 보존성, 고영양이라는 장점을 갖췄습니다. 이런 특징 덕분에 즉석 군용 커피가 등장할 수 있었습니다.

원래 북군에서는 병사들의 지친 심신을 위로하기 위해 술을 지급했습니다. 한순간에 목숨이 왔다 갔다 하고 내일을 알 수 없는 전쟁터에서 병사들이 받는 스트레스가 엄청났기 때문입니다. 그런데 술을 마시면 통제하기 어려웠습니다. 음주 사고가 빈번했지요. 술 때문에 사고가 자꾸 터지자 커피를 대신 배급했습니다.

문제는 커피의 질이었습니다. 커피 납품업자들의 농간이 심해 모래가 섞인 커피가루가 병사들에게 지급되기도 했습니다. 커피 품질 관리가 안 되는 등 잡음이 심해지자 가공이 전혀 안 된 '원두'를 병사들에게 지급했습니다. 군납 비리를 원천 봉쇄하기 위한 조치였지만, 병사들이 커피 한 잔 마시려고 원두를 일일이 로스팅해야 하는 웃지 못할 상황이 벌어졌습니다. 언제 무슨 일이 일어날지 모르는 전쟁터에서 한가하게 원두를 볶아서 커피를 내려 마신다는 게 비현실적인 데다, 전투와 훈련으로 지친 병사들이 밤에 커피 한 잔 마시겠다고 줄을 서서 기다려야 하는 것도 고생이었기에 개선책이 필요했습니다.

북군은 연유에 커피를 혼합한 믹스 커피를 깡통에 담아 '통조림 커피'를 보급하는 묘수를 냅니다. 북군에 새로 지급한 커피는 연유에 커피를 섞고 바싹 졸여서 만든 초기 형태의 즉석 커피였습니다. 맛은 없었지만 컵라면처럼 고체 상태의 커피에 뜨거운 물만 부으면 바로 마실 수 있어 호평을 받았다고 합니다.

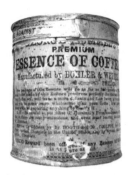

캔 커피의 원조인 Essence of Coffee ©marinersmuseum

    오늘날 믹스 커피의 원조라 할 수 있는 연유 커피는 남군에게도 인기였습니다. 담배 보급만큼은 제대로 받았던 남군은 전투가 소강 상태일 때 담배를 북군의 커피를 교환하자고 했을 정도였다고 합니다. 남군의 보급이 많이 열악했음을 단적으로 보여주는 사례이기도 합니다.

    노예제 폐지를 둘러싸고 1861년에 시작한 미국의 내전은 4년간의 치열한 전투 끝에 북군의 승리로 끝이 났습니다. 북부 지역의 공업 생산력과 수송 인프라 그리고 이들의 지원을 받은 병참 체계의 우위가 승리의 원동력이었습니다.

    남북전쟁이 일어난 시점은 철도의 등장으로 병력과 물자의 대량 수송이 가능했습니다. 인적·물적 자원이 풍부하더라도 이를 동원할 수 있는 능력이 있어야 승리할 수 있는 국가 총력전의 형태로 전쟁의 성격이 바뀐 시기였습니다. 북군에도 문제점이 있었지만 자원 동원 능력에서 남군을 능가한 덕분에 전쟁에 승리할 수 있었습니다.

북부의 대통령이자 최고 지휘관이었던 링컨은 북부 지역의 우수한 산업 능력을 전쟁 수행 능력으로 연결시켰습니다. 그는 적의 인적·물적 자원을 망가뜨려 전쟁 수행 의지와 능력을 말살해야 한다는 현대전의 요점을 잘 이해하고 있었습니다. 1862년, 미국 동서를 가로지르는 대륙횡단철도 건설에 관한 구상을 링컨이 했다고 합니다. 전쟁에서 이기려면 중요한 게 뭔지 잘 알고 있다는 걸 보여줍니다.

1차 세계대전이 벌어진 1910년대에는 연유 대신 '분유'가 군대에 보급되었습니다. 원두를 볶아서 냉각한 뒤 이를 분쇄한 즉석 커피가 등장하면서 전투식량으로서 연유의 존재 가치가 많이 떨어졌기 때문입니다.

제갈량과 순무

〈역사저널 그날〉이라는 TV 프로그램이 있습니다. 《삼국지三國志》 관련 이야기를 그 프로그램에서 다룬 적이 있습니다. 제갈량이 이끈 군대가 적과 대치할 때였습니다. 그는 바로 전투를 벌이지 않고 전장에서 농사를 지었다고 합니다. 적과 대치하는 중에 한가하게 농사를 짓다니요!

고대에는 주요 생산력이 인력과 축력이었습니다. 즉, 인구가 많아야 농부와 병사 확보가 용이했기 때문입니다. 그런 만큼 인구를 적정 수준으로 유지하는 일이 중요했습니다. 그런데 노동 가능 인력이 전쟁에 동원되면 생산력은 그만큼 낮아질 수밖에 없었습니다. 그렇다고 전쟁을 안 할 수도 없었습니다. 경제력 저하를 최소화하면서 군사력을 높일 방법이 필요했습니다.

유비가 세운 촉나라의 경우 위나라와 오나라에 비해 나라가 작고 경제력 또한 약했습니다. 그래서 전쟁에서 지거나 전쟁이 길어지면 나라가 위태로울 수 있었습니다. 이런 사실을 간파한 제갈량은 불리한 환경을 극복해 전력을 극대화시켜 지지 않는 전쟁을 하려 힘썼습니다. 군수물자를 잘 보급하기 위한 노력도 그 일환이었습니다.

제갈량은 물자를 원활하게 수송하려고 '목우유마木牛流馬'라는 수송 수단을 개발해냅니다. 목우유마는 제갈량의 명을 받은 포원蒲元이란 무기 제작 및 제철 전문가가 개발한 운송 수단입니다. 촉나라와 위나라를 연결하는 길은 폭이 좁고 험했기 때문에 대량 물자 수송이 어려웠습니다. 제갈량이 추진한 다섯 차례의 북벌 원정 가운데 4차 북벌 때부터 등장한 목우유마는 수송 능력이 우수했습니다. 한 사람이 운전하는 수레인 목우는 외바퀴로 움직였기 때문에 씽씽 달리는 맛은 없고 주행 속도도 느렸습니다. 하지만 병사 한 명이 1년 동안 먹을 식량을 운반할 수 있었을뿐더러 각종 무기와 공성 장비 운송도 가능했습니다.[18] 마치 오늘날 군용 지프처럼 험지 주파력과 내구력이 우수했을 것으로 보입니다.

《삼국지》의 저자 진수가 쓴 《제갈량집諸葛亮集》에는 목우유마에 관련 기록이 자세히 남아 있습니다. 실물은 전해지지 않아 정확하게 복원할 수는 없다고 합니다. 다만, 무거운 군수물자 수송이 가능했고 방어용 간이 진지로도 활용했다는 기록이 있는 걸 보면 효율성과 내구력이 우수했음은 틀림없어 보입니다.

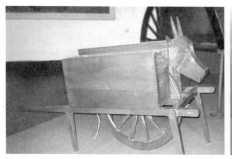

목우유마

　보급을 원활하게 하기 위한 병참 체계 개선에 노력을 기울인 제 갈량이었지만, 식량 확보는 별도의 장기적인 계획과 실행이 필요 했습니다. 그래서 그는 5차 북벌 때의 전장이자 13세기 금나라 부 대가 몽골군의 공격을 막기 위해 포진했던 산시성 우장위안 인근 평원에서 농사를 짓는 둔전제屯田制를 시행합니다. 둔전에서 수확하 는 식량만큼 부족분을 메울 수 있고 식량 수송에 드는 시간과 자원 을 아낄 수 있는 데다 수송 부대가 수송하는 동안 소모하는 식량도 아낄 수 있는 효과가 있었습니다.

　둔전제는 제갈량이 활약하던 때보다 300년 전인 한나라 무제 때 이미 시행됐습니다. 하지만 제갈량이 시행한 둔전에서는 '순무' 를 재배했다는 점이 달랐습니다. 원래 동서를 막론하고 순무는 가 난한 사람들이 먹는 저렴한 음식 또는 구황식입니다. 순무는 전투 식량으로서 몇 가지 장점이 있습니다.

먼저, 순무는 값이 쌌습니다. 장기전에 대비해 농사를 짓는다지만 전쟁터는 언제 이동할지 모르는 불안정한 공간입니다. 이동할 때는 농사짓는 작물을 버리고 가야 합니다. 즉, 기껏 지어놓은 순무를 심어둔 채 이동해야 합니다. 아깝다는 생각이 들 수 있지만 순무는 비싼 작물이 아니어서 미련을 둘 필요가 없었습니다.

둘째, 순무는 성장 속도가 빠르고 생명력이 강한 데다 보관이 편리합니다. 전쟁터는 언제든 병사들이 이동할 수 있도록 준비하고 지내는 곳입니다. 그래서 재배 기간이 짧으면 한 번이라도 더 농사를 지을 수 있기 때문에 병사들의 식량으로 효과가 높습니다. 순무는 속성 재배도 가능했습니다. 게다가 그냥 둬도 잘 크기 때문에 전쟁터에서 이동하느라 방치하고 떠났다가 나중에 돌아와 다시 키우거나 바로 캐서 먹을 수 있었습니다.

셋째, 순무는 사철 식량으로 제격이고 다양하게 조리해서 먹을 수 있습니다. 봄에는 순무 새순을 날로 먹고 잎은 삶아서 먹을 수 있었고, 신선한 채소를 구할 수 없는 겨울에는 순무 뿌리를 먹을 수 있었습니다. 한국의 명태와 콩만큼이나 모든 부위를 알뜰살뜰하게 먹을 수 있다는 점에서 순무는 전투식량으로 적합했습니다.

넷째, 순무는 영양이 풍부합니다. '가성비 갑'인 순무는 괴혈병을 막아주는 비타민C는 물론이고 칼슘과 단백질에 탄수화물 함유량도 많아, 균형 있는 영양 섭취가 어려운 전쟁터에서 병사들의 영양을 보충할 수 있는 음식으로 제격이었습니다. 병사들에게 충분한 식량을 제공하는 것만큼이나 균형 있는 영양분을 제공하는 것이

순무 ©*thebittenword.com*

얼마나 중요한지는 동서고금을 막론한 만고 불변의 진리입니다.

이런 점을 보면, 제갈량의 식견이 얼마나 탁월한지 그리고 촉나라의 근거지였던 쓰촨성 사람들이 오늘날까지도 순무를 왜 '제갈채'라고 부르는 지 알 수 있습니다. 물론, 순무가 단위 면적당 수확량에서 무에게 밀리고, 예로부터 가난한 사람들이나 먹는 맛없고 저렴한 음식이라는 점에서 장점만 있는 식재료는 아닙니다. 그렇지만 2000년 전 중국에서 병사들이 농사를 지어 먹었을 정도로 전투식량으로서 우수한 요소가 많은 음식이라는 사실에 이의를 제기할 사람은 없습니다.

잠깐!) 절충교역이란?

절충교역은 대응구매나 보답교역이라고 할 수 있는 무역 형태입니다. 수출국 실적만큼 수입국에도 반대 급부를 제공하는 무역을 말합니다. 주로 무기 구매 시 이뤄지는 무역입니다. 특히, 수출자가 수입자와의 차후 거래를 감안한 배려 차원의 거래여서 파격적 조건을 수입국에 제시하기도 합니다.

수입국이 후진국일수록 절충교역을 원하는 경우가 많습니다. 기술 획득과 고용 및 상호 교역 증진 효과가 있기 때문입니다. 무기를 구매할 때 높은 비율의 절충교역을 요구하는 것도 이러한 까닭입니다. 특히, 절충교역에 의한 기술 이전의 정도에 따라 자체적인 무기 개발을 할 수 있게 되는 경우도 있습니다. 수입국이 절충교역의 비율을 높게 유지하기를 원하는 이유이자 절충교역의 중요성이 여기에 있습니다.

무기 구매와 연계되어 발생하는 절충교역은 수출국에 입장에서는 당장 손해일 수 있습니다. 그렇지만 무기 거래는 거래액이 큰 데다 부품 판매로 얻는 이익과 후속 모델을 판매할 때 선택받을 확률이 높기 때문에 이러한 점을 감안합니다.

K-9 자주포 ⓒ대한민국 국군

To.
오늘날 물류
이야기

타이완 수출가공구

타이완 경제에 기여하고 한국 수출자유지역에 영향을 미친 타이완 수출가공구는 1966년에 등장한 이래 30년 동안 발전해왔습니다. 경쟁력 강화를 위해 물류산업을 접목해서 창고환적특별구라는 기능이 좀 더 발달한 종합산업단지로 변신했습니다.

성장하는 타이완

국공내전에서 패한 국민당 정권은 1949년에 타이완으로 피신했습니다. 당시만 하더라도 타이완은 변변한 산업 하나 없는 섬이었습니다. 이에 국민당 정부는 산업 시설을 재건하고 토지개혁과 화폐개혁을 단행했습니다. 또한 살인적인 물가상승률을 잡기 위해 고금리 정책을 내세웠습니다. 연 125퍼센트의 금리로 시중 자금을 흡수해 물가상승률을 한 자리 수로 떨어뜨려 물가를 안정시켰습니다. 주력 산업인 농업도 1952년 생산량이 태평양전쟁 이전의 최고 수준까지 회복했습니다.

하지만 이 정도 실적으로는 타이완 경제를 일으켜 세울 수 없었습니다. 타이완은 1946년에서 1962년까지 한국 다음으로 많은 연평균 2억 8000만 달러를 미국에 원조받았습니다. 원조만 받아 살

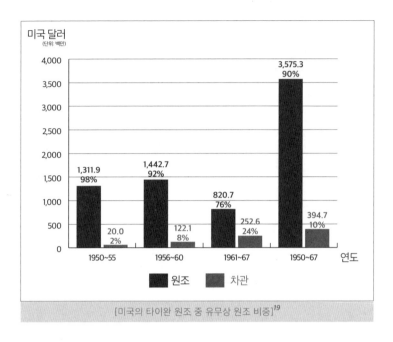

미국 달러
(단위: 백만)

4,000

3,575.3
90%

3,500

3,000

2,500

2,000

1,442.7
92%

1,500 1,311.9
98%

1,000 820.7
76%

500 20.0 122.1 252.6 394.7
2% 8% 24% 10%

0
1950~55 1956~60 1961~67 1950~67 연도

■ 원조   ■ 차관

[미국의 타이완 원조 중 유무상 원조 비중]¹⁹

수는 없기에 타이완은 1953년 1차 4개년 경제개발을 시작했습니다. 이에 힘입어 1956년까지 경제성장률이 연평균 8.1퍼센트, 공업생산지수 성장률이 140.1퍼센트라는 좋은 성적을 기록합니다.²⁰

우리나라에서 1962년부터 1966년까지 진행했던 1차 5개년 경제개발계획의 연평균 성장률이 7.8퍼센트였습니다. 목표로 삼았던 7.12퍼센트를 초과 달성했지만 타이완의 성장률이 더 높았음을 알 수 있습니다.

그런데 1957년부터 미국의 무상 원조가 차관 혼합 형태로 바뀌고 규모도 줄기 시작합니다. 1950~1967년 차관이 10퍼센트입니

타이완 수출가공구

다. 그런데 특히 1961~1967년만 놓고 보면 24퍼센트로 늡니다. 1950~1967년 미국의 경제원조액은 차관 포함 총 39억 7000만 달러로 같은 기간 타이완 GDP의 12퍼센트나 되는 거액이었습니다. 게다가 내수시장이 한계에 이르자 변화의 필요성이 커졌습니다. 개발 방향을 두고는 여러 주장이 난무했습니다. 무상 원조가 줄면서 기로에 놓인 것이었습니다.

이런 상황에서 방향을 고민하던 국민당 정부는 수출주도 전략으로 제조업, 특히 가공산업 육성을 통한 경제발전을 계획합니다. 장제스蔣介石의 심복이자 부총통인 천청陳誠이 관련 정책에 힘을 실어주면서 수출주도 산업을 육성하기 시작합니다. 그러나, 막상 기술도 자본도 부족했기 때문에 저렴한 노동력을 이용해 외화를 벌어들이는 가공무역으로 자본과 기술을 축적하려고 수출자유지역을 운영해 경제개발에 나섭니다.

먼저 6년 동안 준비한 끝에, 1966년 12월 타이완 남부 항구 도시 가오슝에 세계 최초 자유무역지대인 수출가공구EPZ, Export Processing Zone를 세웁니다. 수출품 제조 기지인 수출가공구는 초기인 1960년대에는 낮은 인건비를 내세운 주문자상표부착생산OEM 방식의 노동집약적 가공무역이 주력 산업이었습니다.

10년에서 20년 주기로 생산 품목에 변화가 일어나고 있습니다만, 수출에서는 공업 제품이, 수입에서는 임가공 무역의 주력 품목인 중간재 비중이 높은 점은 세월이 흘러도 변함없습니다. 원천 기술의 부족함을 임가공 무역으로 보충하는 전략이라 공업 제품과

	주요 목적	주요 조치
제1차 수입대체기 1950~57	- 비내구 소비재의 수입 대체 - 국제수지 개선 - 과잉 노동력 흡수	- 수입 억제와 관세보호정책 (1951) - 복수환율제도 - 제1차 경제건설계획(1953)
수출 주도 공업화기 1958~73	- 저축 및 투자 장려 - 수출 확대 - 물가 안정	- 19개 재정·경제개혁안(1959) - 단일변동환율제, 원화 평가절 하(1960) - 수출 지원 강화 - 투자 장려 조례(1960) - 수출가공구 설립(1966)
제2차 수입대체기 1974~81	- 산업구조 조정(노동집약형 산 업구조 탈피) - 중화학공업 집중 육성	- 10대 건설사업(1973) - 중화학공업 지원 강화 - 12대 건설사업(1978) - 과학기술 발전 방안(1979)
전략 산업 육성기 1982~현재	- 기술집약적 공업 육성 - 전자, 기계, 정보산업 집중 육성 - 민생 안정	- 수입자유화(1983) - 외국인노동력 도입(1989) - 산업구조 고도화 조례(1991) - 주요 부품 및 제품 발전 방안 (1992) - 아·태운영센터 계획(1995)

[타이완 산업 정책 추이 (자료: 산업연구원(KIET)][21]

중간재가 수출입에서 가장 비중이 높게 나타납니다.

수출가공구에 공장을 세울 때 드는 비용은 미국 등 다른 나라의 해외투자와 화교 자본으로 해결했습니다. 이 가운데에는 일본의 투자도 있었습니다. 이는 일본이 한국전쟁 특수로 1950~1973년 동안 연간 9.2퍼센트 평균성장률을 이룬 덕분이었습니다. 고도성장 덕에 일본은 1964년 도쿄올림픽을 유치할 정도로 국력이 올라갔습니다. 1965년에 2억 8300만 달러의 무역 흑자를 시작으로 1969년에는 무역 흑자가 당연한 경제구조를 정착시킵니다.

한편으로는 무역 흑자로 외화가 대규모로 유입되자 물가·엔화·인건비 상승과 통상 마찰을 경험합니다. 그러자 일본 기업들은 인건비가 저렴한 타이완에 공장을 세워 무역 마찰을 피했습니다. 마침, 타이완 수출가공구에 일본의 투자가 늘면서 수출가공구는 일본의 생산 기지가 되어 무역 마찰 완화에 기여합니다. 또한 미국 제품 공급 기지 역할도 겸해서 '미·일·타' 삼각무역 구도가 만들어집니다.

외화 획득과 외국인 투자 유치를 위해 생긴 타이완 수출가공구에는 생산품 통관 등 빠른 행정 처리와 절차 간소화, 면세, 외환 관리 규제 완화 등의 혜택이 있습니다. 이에 힘입어 설립 2년 만인 1968년에 80개 기업이 가오슝 수출가공구에 입주해 외화 획득과 일자리 창출이라는 성과를 보였고, 내륙의 타이중과 난쯔에도 수출가공구가 등장합니다.

1960년대에도 타이완과 중국은 대치 중이었습니다. 타이완에서는 수출가공구를 이용한 외화 유출 우려가 있었고, 수출가공구 외에는 혜택을 받지 못하는 기업에 대한 형평성 문제 등 반론도 있었습니다. 그렇지만 고도의 통제가 있는 타이완의 경제발전을 위해 규제에서 자유로운 수출가공구가 필요하다는 점을 실적으로 증명해서 이러한 논란을 불식시켰습니다.

이후 2000년대 들어 여섯 개 수출산업단지를 세워 지금은 총 아홉 개의 산업단지가 수출가공구 내에 있습니다.

한편 수출가공구 내 기업들의 기술력과 서비스 수준이 올라가면서 가발과 합판 등 노동집약적산업에서 반도체와 전자 부품 등 자본집약적산업 위주로 산업구조가 바뀝니다. 그렇지만, 중국이 성장함에 따라 위기를 느낀 타이완은 수출가공구를 제조업 위주 특허 구역에서 제조업과 물류 관련 산업을 함께 육성하는 복합 산업지구인 '창고환적특별구WTSZ'란 특허 구역으로 1997년에 변경합니다. 제조업 외 분야의 질적 우위를 위한 대책이었습니다.

이런 배경으로 세워진 타이완의 창고환적특별구는 각종 법령과 조례 등에 기반한 모든 정책 수단을 동원해 법인세 감면과 각종 항목의 세금을 면제해주고 있습니다. 일례로 타이완 창고환적특별구 입주 기업은 5년 동안 법인세 면제 대상이며 면세 종료 후에도 15퍼센트의 세율을 적용받습니다. 한국 내 기업의 법인세율이 20~24퍼센트인 점을 생각하면 타이완 창고환적특별구에 입주한 기업은 한국 기업에 비해 최대 9퍼센트의 세율 혜택을 받을 수 있습니다. 여기에 특별 구역 내에서 사용하거나 환적 후 재수출을 목적으로 해외에서 반입하는 설비와 원부자재에도 세금을 면제해주고 신규 공장 매입 때도 취득세를 면제해주고 있습니다. 이외에도 공장을 짓거나 특구 내 공장을 사들이면 건설비나 매입비의 70퍼센트까지 낮은 이자로 장기 대출을 기업에 제공합니다.

또한, 물류 관련 분야에도 혜택을 확대 적용하는 정책을 내놓았습니다. 한국해양수산개발원이 발행한 〈부가가치 창출 극대화를 위한 항만배후단지 발전방안 연구〉라는 자료에 따르면 타이완 정부는 2003년 7월 10일 '자유무역항 설립과 관리에 관한 법'을 제정했습니다. 이 법에 근거하여 가오슝항과 타이베이항 등 다섯 개 항만자유무역지대를 지정했고, 해당 항만과 인근 산업단지까지 면세 혜택을 받는 지역으로 확대해서 수출 경쟁력을 강화하고 있습니다.

정책 지원과 해외투자 유치를 통해 종합산업특허구역인 창고환적특별구를 통해 성장한 타이완 수출가공구는 UN이 연구 대상으로 삼을 만큼 성공했습니다. 이는 1973년에 생긴 한국의 마산과 이리(익산) 수출자유지역에도 영향을 미쳤습니다.

타이완 경제에 기여하고 한국 수출자유지역에 영향을 미친 타이완 수출가공구는 1966년에 등장한 이래 30년 동안 발전해왔습니다. 경쟁력 강화를 위해 물류산업을 접목해서 창고환적특별구라는 기능이 좀 더 발달한 종합산업단지로 변신했습니다.

최근 중국과의 갈등이 고조되면서 중국의 타이완 봉쇄 정책이 강화되었습니다. 타이완 정부는 전략물자의 수출 통제, 반도체 등 첨단산업의 대중국 투자 규제로 맞불을 놓고 있습니다. 일례로 반도체 기술을 유출한 자에게는 간첩죄를 적용해서 최고 1억 대만달

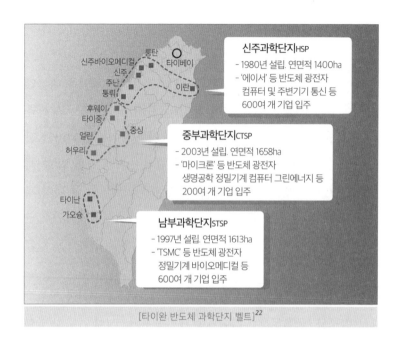

[타이완 반도체 과학단지 벨트][22]

러[약 43억 원]의 벌금과 징역 12년의 처벌을 내립니다. 반도체 관련 핵심 기술을 해외에서 무단으로 생산 활동 등의 돈벌이에 사용하다 걸릴 경우, 최고 12년 동안 감옥살이를 해야 합니다.[23] 중국에 대해 아직까지 경쟁력 우위를 점하고 있는 반도체 산업 종사 인력과 기술이 중국으로 유출되는 상황을 엄격하게 단속함으로써 중국의 압박에 맞서고 있는 상황입니다.

한편으로는 1980년에 세운 신주과학단지[신주공업단지]를 비롯한 반도체 과학단지 벨트를 타이완 서부 지역에 건설해 타이완의 반도체 산업의 공급망을 내재화해 경쟁력을 유지하고 있습니다.

타이완 전국에 있는 총 아홉 개의 수출가공구 내 산업단지는 반도체 산업을 비롯한 타이완 산업의 수출 증대 등 전반적인 경쟁력 향상을 위한 첨병 역할을 하고 있습니다. 특히, 양안관계雨岸關係의 긴장이 높아진 시기라 반도체 등 첨단산업 분야의 대중 투자를 줄이고 타이완 내 투자를 늘이는 리쇼어링Reshoring 또는 내재화 정책을 펼 수밖에 없습니다. 이러한 상황이라 경제뿐만 아니라 안보 분야에서도 수출가공구 역할이 더욱 커지고 있습니다.

신주과학단지 부국장 천수주陳淑珠가 "우리를 (중국으로부터) 지켜주는 것은 미국의 무기가 아니라 이 반도체 공장들입니다"[24]라고 말한 것을 보면 이 산업단지들이 타이완의 안보를 지키는 힘임을 알 수 있습니다.

세금과 해운업

편의치적제도 또는 역외등록제도를 활용하면 탈세한다는 비난을 받기 쉽습니다. 그런데 단순히 조세회피처에 페이퍼컴퍼니를 세운 것은 물론, 편의치적제도를 활용해 페이퍼컴퍼니가 있는 나라의 국적을 선박이 취득한 것도 불법이 아닙니다. 한국 세법상 조세회피처에 세운 페이퍼컴퍼니라고 해도 엄연히 합법적인 자회사로 규정합니다. 조세회피처에 특수목적법인을 세우고 선박 역시 해당 회사의 자산으로 등록을 하는 까닭은 선박 소유주, 금융사, 화물 수송 의뢰인 모두의 이해 관계 때문입니다. 조세회피처

에 회사를 세웠다고 해서 무조건 탈세 때문이라
고 보는 시각이 지나친 오해인 이유이기도 합니
다. 따라서 특수목적법인 설립을 제때에 제대로
공지하고 운영이 투명한지 면밀히 봐야 합니다.

편의치적제도와 역외등록제도

그리스, 라이베리아, 파나마, 케이맨제도, 버진아일랜드, 나우루, 바누아투, 마셜제도, 말타, 세이셸공화국 등의 나라 이름에서 떠오르는 공통점이 있을까요? 몇몇 나라는 이름도 생소한 데다 공통점이라고는 그다지 없어 보입니다.

위 나라들은 해운업이 발달했습니다. 사실 그리스 외엔 선박등록업과 조세회피처 제공이 발달했으니 정식 해운업이라고 하기엔 무리이긴 합니다. 그리스의 경우 도시국가 시절부터 무역으로 먹고 살았지만 다른 나라들은 딱히 해운업이 발달할 만한 역사적 배경이나 기반이 없습니다. 주력 산업이랄 것도 없는 터라 별다른 외화 획득 수단이 없어 생필품 수입도 버거운 지경입니다. 그러다 보니 이들 나라들은 낮은 세율과 느슨한 규제를 내세워 외국 선사를 자국에 유치하는 방식으로 해운업을 육성했습니다.

정확히 이야기하면, 해운업체의 선박을 자국에 있는 해외 선사의 현지 법인 또는 페이퍼컴퍼니나 특수목적회사^{SPC}의 국적 선박으로 등록할 수 있게 합니다. 해운업체 입장에서는 까다로운 규제와 높은 세금을 피해 비용을 절감하는 방법입니다. 대신 이들 나라들은 등록세나 수수료, 톤세$^{Tonnage\ Tax}$라는 자산세를 선박에 부과해 국가 재정에 보탭니다.

이를 편의치적$^{便宜置籍,\ Flag\ On\ Convenience}$제도라고 합니다. 선박을 선박 소유 해운사 소속국 대신 조세 혜택 제공 국가에 등록하는 제도이지요.

사람과 마찬가지로 선박도 소속 국가의 국적을 받습니다. 그런데 편의치적제도를 이용하면 선박은 선주나 해운사 국적이 아닌 다른 나라 국적을 취득합니다. 일종의 국적 세탁입니다. 영화 〈007〉 시리즈의 주연으로 유명한 스코틀랜드 출신 영화 배우 숀 코네리가 세금 문제 때문에 버뮤다로 국적을 바꾼 것과 같습니다. 선박들 역시 세금과 어획량 규제를 비롯한 행정 규제 회피 등의 이유로 다른 나라의 국적을 취득합니다.

이따금 선박 사고와 관련한 뉴스를 보면, '한국 해운회사의 라이베리아 국적을 가진 배'가 사고가 났다는 식으로 보도되는 경우가 있습니다. 이때 선박 국적이 해운회사 국적과 다른 이유가 바로 이 편의치적제도 때문입니다.

편의치적제도는 다른 나라의 해운회사를 끌어들여 외화를 획득하는 데 목적이 있습니다. 조세 회피 등을 노린 선박들 특히 해운 업이 발달한 그리스의 해운회사 선박들이 조세회피처에 많이 등록 되어 있다고 합니다. 이외에도 덴마크, 노르웨이, 홍콩 등 각국 선 주들과 해운사들도 편의치적제도를 통해 선박을 조세회피처에 등 록합니다. 아무래도 조세회피처로 알려진 국가에 선박을 등록하면 선박을 유지하고 보수할 때 굳이 세율이 높은 선주 또는 해운회사 소속 국가의 시설을 이용하지 않아도 되니 비용이 절감됩니다. 게 다가 선박 등록에 따른 제약이 적고 소유와 관리에 대한 규제도 느 슨하기 때문입니다.

　노후 선박의 경우에도 규제를 피해 운영하기 위해 편의치적제도 를 이용해 선적을 취득합니다. 한국의 경우 제작한 지 30년 된 선 박(강화플라스틱FRP 제작 선박은 20년)까지 사용할 수 있지만, 아무리 정비와 관리 를 잘해도 10년이 넘으면 선박이 노후되기 마련입니다. 오래된 배 일수록 선급 취득이 어렵고 보험도 가입하기 어렵습니다. 차량 검 사를 떠올리면 쉽게 이해할 수 있습니다. 오래된 차량은 손볼 데가 많습니다. 특히 오염 물질 배출이 심할 경우에는 재검사를 받아야 합니다. 번거롭고 시간과 비용이 들지요. 차보다 비싸고 안전에 민 감한 선박은 제약이 더 많습니다. 선박 노후화가 심해 선급 취득이 안 되면 무보험 상태가 되기 때문에 선박 운영을 포기하거나, 문제 가 생겼을 때 모든 책임을 선사가 져야 합니다. 문제는 어느 쪽을 택하든 재정적 손해가 막심하다는 점입니다. 특히, 무보험 상태로 배를 운영하면 불법이라 선사나 선주가 큰 낭패를 볼 수 있습니다.

라이베리아 국기를 단 일본 해운사 소유 선박 ©pete

　라이베리아나 마셜제도처럼 규제가 느슨한 국가에서는 선박을 등록만 하면 바로 선적 취득이 가능합니다. 선급과 보험 등록 또한 제약이 없기 때문에 노후 선박은 편의치적제도를 이용해서 해운사의 소속 국가가 아닌 이들 국가에 선박을 등록해서 운항합니다. 기업 입장에서는 노후 선박을 운용할 수 있어 비용이 절감될뿐더러 불법이 아니기 때문에 법적 문제 또한 없습니다.

　이런 이유로 많은 나라에서는 조세회피처 국적으로 선박을 등록하고 있습니다. 수출 의존도가 높은 한국, 일본, 타이완의 경우 해외 국적 선박이 선박의 적재 화물 중량, 즉 데드웨이트^{deadweight} 기준으로 전체 선박 가운데 80퍼센트 이상의 비중을 차지합니다. 미국과 독일은 90퍼센트 이상의 선박이 해외 국적으로 등록되어 있습니다. 반면, 중국은 해외 국적 선박이 65.3퍼센트입니다. 싱가포르는 46.7퍼센트로 자국 등록 선박의 비중이 높습니다. 아무래도 중국은 해운업의 국영기업 비중이 높기 때문에 가능한 한 자국 소속으로 선박을 등록합니다. 싱가포르는 해운업 육성과 보호를 위해 자국 등록 선박에 혜택을 부여하기 때문입니다.

한편, 편의치적제도를 시행하는 국가는 별 투자 없이 외화를 벌어들입니다. 이들 국가는 많은 투자를 하거나 대규모 기반 시설을 구축하지 않아도 되니 제대로 남는 장사를 하는 셈입니다. 그러나 안전 점검과 같이 꼭 필요한 규제를 빠져나가거나 인건비가 저렴한 국가의 선원을 고용해 원소속국의 고용 창출 효과가 줄어들기도 합니다. 특히, 사고가 났을 때 사고 선박에 대한 법적 책임이 선박이 등록된 국가에 있기 때문에 원소속국의 법망이 미치지 못하는 상황이 벌어지기도 합니다.

2017년 3월 31일이었습니다. 브라질에서 출항해 항해 중이던 스텔라데이지호가 침몰하는 사고가 있었습니다. 해당 선박은 한국 해운회사의 선박이지만 선박 국적은 마셜제도이기 때문에 사고 대응과 조사를 할 수 있는 권한이 마셜제도에 있었습니다. 사고 발생 초기에 한국 정부가 적극적으로 대응하지 못했던 이유입니다. 우리나라 선원이 승선한 배이니만큼 정부의 대응에는 물론 아쉬움이 남습니다. 그렇지만 법적으로 한계가 있었기 때문에 무조건 정부 욕을 할 수만은 없습니다.

해운회사는 수익 극대화와 비용 절감을 위해 편의치적제도를 이용합니다. 하지만 노후 선박의 수명을 과다하게 연장해서 사고 가능성을 높일 수 있습니다. 해운회사나 선주 입장에서도 마냥 좋지만은 않습니다. 본사 소속 국가에 선박을 등록하지 않았기 때문에 선박을 구매하거나 대여할 때 자국 금융기관의 지원에 제약이 따릅니다. 또 공해에서 선박이 나포되거나 침몰 등 사고가 났을 때 법적으로 자국의 지원을 무조건 기대하기에도 무리가 있습니다. 그리고 인건비가 낮은 외국인 선원을 채용할 경우 처우 문제가 발생해 국제 문제로 비화할 수 있습니다. 탈세를 위해 조세회피처에 선박을 등록한 '악덕 업체'로 낙인찍힐 수도 있습니다.

해운회사는 경쟁에서 우위에 서기 위해 선박을 대형화하고 운영 설비를 자동화하는 비중을 높이고 있습니다. 비용 절감보다는 규모의 경제를 실현하는 쪽으로 경쟁력이 이동하고 있습니다. 그래서 주목받는 제도가 역외등록제도Offshore Register입니다.

역외등록제도는 선사나 선주의 소속 국가에서 지정한 국가 또는 지정 지역의 명의로 선적을 취득하게 합니다. 외국인 선원 채용이 가능하도록 하고 선박 등록 지역의 규정을 기준으로 해당 국가 또는 특허 구역에 세금을 납부하도록 합니다. 즉, 선박 소유주가 소속한 국가에 세금을 내지 않기 때문에 비용 절감 효과를 누릴 수 있습니다. 그 대신 선박 안전 관리와 보험 적용 같은 규제와 선원 처우와 관련한 문제에 대해서는 원소속국의 기준에 따르도록 합니다. 비용 절감을 할 수 있도록 해주는 대신 안전 규정을 비롯한 의

무 준수는 원소속국 규정을 따르도록 하는 방식입니다.

주로 유럽 국가가 이 제도를 채택합니다. 역외등록제도는 편의치적제도에 비해 선박 운영 규정을 강화한 제도입니다. 안전 규정에 대한 규제 강도의 차이가 있을 뿐, 어느 제도이든 간에 조세회피처에 선박을 등록해서 세금을 절감하려는 점은 같습니다.

이런 이유로 편의치적제도 또는 역외등록제도를 활용하면 탈세한다는 비난을 받기 쉽습니다. 그런데 단순히 조세회피처에 페이퍼컴퍼니를 세운 것은 물론, 편의치적제도를 활용해 페이퍼컴퍼니가 있는 나라의 국적을 선박이 취득한 것도 불법이 아닙니다. 국세청 입장에서는 탈세로 생각할 수밖에 없겠지만 한국 세법상 조세회피처에 세운 페이퍼컴퍼니라고 해도 엄연히 합법적인 자회사로 규정합니다.

이처럼 조세회피처에 페이퍼컴퍼니를 세우는 데에는 그 나름의 이유가 있습니다. 먼저 세금이 가장 큰 원인입니다. 한국 세법상 선박을 구매할 때는 선박 가격의 4퍼센트를 선박취득세로 납부해야 합니다. 일례로 2019년 12월에 현대중공업이 해외 선사로부터 수주한 LNG선 두 척의 가격이 각각 2190억 원이었습니다. 국내 해운회사가 발주했다면 한 척에 87억 6000만 원씩 175억 2000만원을 세금으로 내야 합니다. 선박이 고가 자산이라 세율이 낮아도 납부세액이 큽니다. 이 때문에 편의치적제도를 이용합니다. 탈세라기보다는 합법적 절세 행위로 보는 편이 더 타당할 수 있습니다. 물론, 편의치적제도를 악용해서 선박을 해외에 등록해놓고는 한국에서 번 돈에 대한 세금을 제대로 신고하지 않고 거액을 탈세하는 행위는 어떠한 경우라도 명백히 불법입니다.

이런 사례가 있습니다. 모 해운사는 본사가 해외에 있고 선박도 홍콩, 파나마 등지에 분산 등록해놓고는 한국 수출품을 수송해 돈을 벌었습니다. 그런데 외국 국적 선박이고 본사도 해외에 있음을 내세워 한국에 세금을 내지 않았습니다. 화물 운송으로 번 돈 역시 조세회피처로 보냈습니다. 이 해운회사의 회장은 한국인이지만, 외국을 자주 왕래하는 특이 동향을 보였습니다. 장기간 해외에 체류할 경우 의료보험료 납부를 비롯해 각종 납세 의무에서 자유롭다는 점을 노려 일부러 외국에 드나든다는 이야기가 돌았습니다.

국세청에서는 실제 경영과 매출이 한국을 매개로 이뤄지는 점을 확인하고, 그 회장을 고의 탈세로 간주해서 수천 억 원의 세금을 부과했습니다. 이에 해당 해운사의 한국 법인은 해외 법인의 에이전시이며, 회장 역시 해외에서 거주하는 데다 국내에 회장 명의의 재산이 없는 점을 내세워 반론을 제시했습니다. 송사가 진행되었고 이후 역외 탈세 혐의에 대해 무죄 판결을 받았습니다. 다만, 증여세 등 세금 22억 원을 내지 않아 2020년부터 국세청이 공개하는 고액 상습 체납자 명단에서 이름을 계속 볼 수 있습니다. 이 논쟁은 계속되었는데 소득세 2억 4000만 원을 내지 않은 혐의에 대해서만 집행유예를 선고하고 나머지 혐의에 무죄를 선고한 2심 결과가 대법원에서 확정되어 긴 소송이 끝났습니다.

물론 수백억 원대 세금을 추징당한 선사도 있습니다. 그런데 모든 해운회사나 선주가 탈세하려고 그러한 불법 행위를 저지른다고 보면 안 됩니다. 제조업체가 인건비가 싼 곳으로 공장을 옮기는 것처럼 해운사가 세금이 낮은 곳으로 선박을 등록하는 것 역시 비용 절감 행위이기 때문입니다.

선박은 고가 자산이라 자기 돈으로만 배를 살 수 있는 선주나 선사는 생각만큼 많지 않습니다. 대부분의 선주나 선사는 대출을 받아 선박을 구입합니다. 해외 은행에서 대출을 받는 것이 국내 은행에서 대출을 받는 것보다 조건이 유리하다고 합니다. 선사는 은행에서 빌린 대출금을 모두 완납할 때까지 매출 감소 등 경영상의 위험성을 안고 선박을 운영합니다. 이 때문에 은행이나 투자 전문 회사는 선박 지분을 확보해서 자금 회수의 위험성을 최소화하려고 합니다. 이슬람국가가 발행하는 채권인 수쿠크^{sukuk}도 채무자 사업에 투자해서 나온 수익을 배당금으로 받는 형식으로 돈을 빌려주고 대가를 챙깁니다. 이런 점에서 은행이나 투자 전문 회사가 선박 관련 대출을 하는 방식은 수쿠크와 비슷한 점이 있습니다. 또 화물 운송을 의뢰하는 화주들이 업무상 편리함을 들어 조세회피처 국가에 소속된 선박을 이용하기를 바라는 경우도 많습니다.

따라서 선주나 선사는 운영상의 효율성과 채권자인 투자 회사와 고객의 요구 조건을 맞추기 위해 해외에 페이퍼컴퍼니를 설립합니다. 대개 이런 페이퍼컴퍼니를 특수목적법인^{SPC}이라고 부릅니다. 선박 한 척을 운영하는 전속 회사 개념입니다. 특수목적법인에 선박이 소속되어 있으면 선주나 선사가 부도를 내더라도 선박을 확보해서 미수금을 최소화할 수 있습니다. 투자 회사 입장에서도 부도와 같은 돌발 상황이 일어났을 때 돈을 떼일 위험성을 그만큼 줄일 수 있습니다.

결국 조세회피처에 특수목적법인을 세우고 선박 역시 해당 회사의 자산으로 등록을 하는 까닭은 선박 소유주, 금융사, 화물 수송 의뢰인 모두의 이해 관계 때문입니다. 조세회피처에 회사를 세웠다고 해서 무조건 탈세 때문이라고 보는 시각이 지나친 오해인 이유이기도 합니다. 따라서 특수목적법인 설립을 제때에 제대로 공지하고 운영이 투명한지 면밀히 봐야 합니다. 이에 관해 공시가 없다는 건 뭔가 감추고 있고, 탈세를 하겠다는 잠재적 의도를 가지고 있다고 볼 수 있습니다.

해외에 설립한 특수목적법인의 명의나 거래 형태로도 탈세 여부를 판단할 수 있습니다. 일례로 한 해운회사의 회장이 자녀 명의로 해외에 특수목적법인을 설립했습니다. 운송 서비스는 본사가 하면서도 화주에게 이에 관한 계약을 자녀 명의의 법인과 맺도록 했습니다. 이런 계약 탓에 본사가 화물을 운송해서 번 돈이 해외에 있는 회장 자녀들 회사로 갔습니다. 탈세나 일감 몰아주기를 의심할 수밖에 없는 사례입니다.

이런 탈세 의심 사례를 접하다 보면, 저처럼 세금 다 내는 월급쟁이들이나 세금을 조금이라도 더 거둬야 하는 국세청은, 특수목적법인을 조세회피처에 세우고 선박을 그 회사 자산으로 등록하는 행위를 곱게 볼 수 없습니다. 하지만 실제로 탈세를 하지 않는 이상 문제가 있다고 볼 수는 없습니다. 산업 특성을 고려할 수밖에 없기 때문입니다. 아무튼, 해운사의 탈세와 절세는 구분이 어렵긴 해도 다르기는 합니다.

Image by Freepik

잠깐!) 보세무역과 수출자유지역

보세무역의 정식명칭은 보세가공무역입니다. 해외 거래처의 요청을 받아 외국에서 수입한 원부자재를 완제품으로 가공해 수출하는 무역 형태입니다. 보세무역은 외국에서 수입한 원부자재에 세금 혜택을 부여합니다. 완제품을 수출할 때도 통관 절차를 간략하게 하고, 수출 신고 사후 정정 등 혜택을 줍니다. 수출을 촉진하는 정책으로 한국에 투자한 외국 기업도 적용받습니다.

한국 정부는 1970년대부터 보세무역의 취지를 살리고 수출을 증대하기 위해 보세무역을 하는 기업들만 모아 수출자유지역 또는 자유무역지역이라고 부르는 특별 구역을 운영해왔습니다. 초기에는 저임금 노동력을 내세워 수출을 일으켜 외화를 벌고, 제조업 발전에 필요한 선진 기술을 습득하기 위함이었습니다. 따라서 초기 수출자유지역은 생산 거점 성격이 강했습니다. 그러다 경제가 발전하면서 제조업 중심에 무역 물류 유통 기능까지 포괄하는 복합산업 지역으로 진화해, 관세 적용 예외 지역으로서 수출의 교두보 역할을 하고 있습니다.

한국과의 FTA 체결국이 늘어나자 수출자유지역 바깥의 기업들도 혜택을 받는 경우가 늘었습니다. 수출자유지역은 수출과 외국인 투자 유치에서 차지하는 비중이 점차 낮아지고 있습니다. 수출자유지역의 쇠퇴는 수출 인프라의 손실을 의미합니다. 이 때문에 정부는 2019년에 '자유무역지역 혁신 전략'을 발표하며 수출자유지역 부활을 추진하고 있습니다.

고정관념을 깬 물류

과학의 발달로 인류는 풍족해졌습니다. 특히, 증기기관을 비롯한 각종 엔진의 발명으로 자동차와 비행기가 만들어졌고, 기존의 운송 수단인 배와 기차 역시 속도가 빨라지면서 화물 수송 시간이 단축되었습니다. 냉장·냉동 시설의 발명과 발달 또한 새로운 경험을 가능하게 했습니다. 기존에는 구경하기조차 힘들었던 다른 지역이나 국가의 식료품을 이제는 신선한 상태로 맛볼 수 있습니다.

기술 발달과 운송 수단의 다변화 덕분에 정말 다양한 품목을 운송할 수 있게 되었습니다.

온천수를 배송하는 일본 여관

보통은 온천이 있는 곳을 찾아가서 온천욕을 즐깁니다. 그런데 일본의 한 온천에서는 온천수를 배달한다고 합니다. 물류와 관련한 굉장한 역발상입니다. '온천물을 배달시켜서 집에서 온천욕을 하는 사람이 어딨어?'라고 생각할 테지만 이 이야기는 분명 실화입니다.

2020년 4월 19일자 《마이니치신문每日新聞》에 관련 기사가 났습니다. 사과 산지로 유명한 일본 아오모리현 히라카와시의 온천 료칸 후쿠야福家에서 2020년 4월부터 온천수 배송을 시작했다는 내용이었습니다.

1년에 20만 명이 찾는 후쿠야 료칸은 온천객을 대상으로 영업하는 레스토랑과 연회장까지 갖춘 규모가 큰 여관입니다. 바둑 격

언에 '대마불사^{大馬不死}'라고 하지만 매출의 원천인, 온천욕을 위해 찾아오는 손님이 확 줄어든 상황에서는 어느 료칸도 배겨낼 재간이 없습니다. 후쿠야 료칸도 예외가 아니었습니다. 매출 감소 탓에 감원할 만큼 어려워지자 한 직원이 기발한 제안을 했습니다. 온천수를 배송하자는 내용이었습니다. 평소라면 엉뚱한 생각이라고 여겼을 테지만 지푸라기라도 잡는 심정으로 후쿠야 료칸은 온천수 배송을 시작했습니다. 기존에 하지 않았던 새로운 시도였기 때문에 다들 기대가 크지 않았을 것입니다. 그저 손님을 앉아서 기다리다 망하느니 뭐라도 해보자는 마음이 더 컸을 것입니다. 그런데 이 사업은 초기부터 인근 지역의 고객들에게 좋은 반응을 얻어 신문에 기사로도 소개되었습니다.

후쿠야 료칸에서는 한 번 목욕하는 데 필요한 300리터의 온천물이 최소 배송 가능한 물량입니다. 최소 물량을 2000엔^(약 1만 8000원)에 배송한다고 합니다. 일본 전국으로 배송하지는 않고 온천수 온도를 유지할 수 있는 히라카와시와 인접한 지역에만 배송했습니다. 장거리 배송을 위해서는 온천수의 온도를 유지하기 위해 온도 조절 장치를 트럭에 설치해야 합니다. 그러면 채산성이 맞지 않아 장거리 운송을 하지 않는 듯합니다. 물론, 수요가 많다면 비용을 들여서라도 배송 트럭을 개조할 테지만 온천수를 가정집으로 배달시켜 온천욕을 즐기는 것은 여전히 생소한 행위입니다.

역시 초기 단계라 제한된 지역에만 배송이 가능한 후쿠야 료칸의 온천수 배송 사업은 갈 길이 멀기는 합니다. 그렇지만 '발상의

온천수 배송을 홍보하는 후쿠야 여관의 포스터

전환'이라는 점에서 주목할 만한 사례입니다. 후쿠야의 최고책임
자인 미츠구치 키요토는 영화와 만화로도 제작된 〈고스트 버스터
즈 Ghost Busters〉를 패러디 해서 '지루한 목욕가들 Boring Bathters'이란 제목을
단 마케팅 포스터를 만들기도 했습니다. 코로나19 탓에 생활에 제

약을 받는 사람들이 지루함을 극복할 수 있게 하기 위해 온천수 배달을 한다는 내용입니다. 확실히 고정 관념을 깼다는 점이 눈에 띕니다.

생각해보면 후쿠야 료칸 사람들은 온천수 배송을 그다지 진지하게 고민하지 않았을 수도 있습니다. 아니, 제안이 나왔을 때 성공에 대한 확신보다는 도저히 해결책이 보이지 않아 반은 기대감에, 반은 포기하는 심정으로 시도했을지도 모릅니다. 하지만 코로나19 사태로 생존을 위한 변화의 필요성이 높아진 시기에 아무도 생각하지 않았던 온천수를 배송해 제한적이나마 성공을 거뒀다는 점에서 분명 물류의 고정관념을 깬 좋은 사례임에 틀림없습니다.

편의점의 변신

요즘에는 편의점에서 취급하는 품목이나 제공하는 서비스가 편의점 등장 초기와는 확실히 달라졌습니다. 특히, 국내 유수의 주류 업체와 식품 제조사가 편의점의 자체상표[PB]상품 제조를 위해 협력하는 이례적인 모습을 보이고 있습니다. 규모가 작고 이름값이 낮은 업체가 거래선과 물량 확보를 위해 PB상품을 제조하기 시작한 걸 생각하면, 코로나19가 여러 면에서 우리 삶을 바꾸어놓은 걸 느낍니다.

편의점은 1990년대 초부터 인기를 얻으며 자리를 잡기 시작했습니다. 컵라면이나 삼각김밥 등 음식물을 편의점 안에서 먹을 수도 있고, 무엇보다 24시간 운영하기 때문에 급하게 필요한 물건을 살 수 있다는 장점이 있습니다. 그야말로 편의점은 일상 편의를 위

오비맥주	+	GS25	GS25의 단독 수제맥주 제조사로 참여
롯데칠성음료	+	CU	곰표 밀맥주 제조사 세븐브로이 물량 위탁생산
삼양식품	+	CU	CU가 기획한 개당 380원 PB라면 제조
오뚜기	+	세븐일레븐	세븐일레븐 스테디셀러 'PB 대파라면' 제조

[편의점과 식음료 대기업들의 협업 사례]

한 간이 상점 역할을 톡톡히 해왔습니다.

코로나19 사태는 편의점에도 변화를 일으켰습니다. 사람들은 감염에 대한 우려로 사람이 많은 대형 마트나 백화점 방문을 줄이고 비대면 구매로 생활에 필요한 물품을 구입했습니다. 군이 매장에 가야 할 때는 가까운 동네 편의점을 찾았습니다. 그러면서 편의점에 고객들이 요구하는 품목이 늘어났습니다. 편의점 취급 품목도 자연히 늘어났습니다.

편의점은 고객 최접점 유통 단계로 기존과 다른 방향으로 진화하고 있습니다. 먼저 고객 수요의 변화, 영업시간 단축, 비대면 구매 활성화 등으로 대형 마트나 백화점에서 구매하던 쌀과 찬거리를 편의점에서 구매하는 비중이 늘었습니다. 즉석 라면 등 인스턴트 식품보다 식자재 판매 증가율이 높아지는 것은 이례적인 현상입니다.

사실 쌀이나 채소 같은 조리용 식자재는 편의점에서 취급해도 크게 이상할 게 없습니다. 그런데 최근에는 편의점에서 팔 거라고는 생각지도 못한 식료품과 상품이 매대에 놓였습니다. 대표적인 품목이 한우선물세트입니다. 설 선물로 많이 팔리는 상품이라는 점에 착안해 편의점에 한우선물세트를 출시하면서, 선물세트 시장으로 편의점의 영역을 확대했습니다. GS25가 소의 각 부위별 고기를 하나의 세트에 담은 150만 원 상당의 '우월한 한우 한 마리 세트'를 내놓은 것이 대표적입니다.

그래도 한우선물세트까지는 일견 이해되지만 고가인 데다 품질 보증이 쉽지 않은 '골드바'까지 편의점에 등장했습니다. 이게 가능할까 하는 생각이 들 정도입니다.

러시아가 우크라이나를 침공한 뒤 시작된 유가 상승 등의 영향으로 공급적 측면에서 인플레이션이 시작되기 전까지, 세계 각국은 대규모 경기 부양책을 추진했습니다. 시중에 풀린 돈이 많아 인플레이션 가능성이 높아지자 안전 자산인 금에 대한 수요가 늘었습니다. 이를 간파한 편의점에서는 '골드바'나 '골드코인' 등 금 관련 상품을 출시해 좋은 판매 실적을 거두고 있습니다.

편의점에서는 한국금거래소와 연계해서 신뢰성을 담보한 금 상품을 내놓았습니다. 다양한 상품을 갖춘 '만물상회'로서 편의점이 기능하면서, 동시에 고가 상품도 취급할 수 있다는 역량을 보여준 셈입니다.

GS25의 경우 가정의 달 특수를 노리고 2021년 5월에 카네이션이 새겨진 금화 등 열세 가지의 금 관련 제품을 판매했습니다. 판매 실적이 전년 동월 대비 무려 800퍼센트나 증가한 3억 8000만

원에 달했습니다. 세븐일레븐이나 이마트24 등 다른 편의점도 금 관련 제품 판매 실적이 2억 6000만~3억 원 수준이었다고 합니다.

귀금속 판매는 2022년에도 이어졌습니다. GS25에서는 '황금토 끼 골드바'를 출시했고, 이마트24는 3캐럿이 넘는 '다이아몬드'를 판매하고 있습니다. 골드바의 경우 최대 370만 원까지 지불해야 구입할 수 있습니다. 다이아몬드 역시 6000만 원에 육박해서 큰 맘 먹고 나서야 살 수 있는 상품입니다.

편의점에서 고가품이 차지하는 거래 금액은 아직 적은 수준입니다. 하지만 편의점이 계속 '진화' 중인 걸 생각하면 거래 금액은 계속 늘 것으로 보입니다.

그 밖에도 '이동식 주택', '골프채', '안마의자'를 취급하는 편의점 도 있습니다. 특히 한 채에 1000~1600만 원 수준인 이동식 주택 은 편의점 품목으로 생각하기엔 언뜻 떠오르지 않는 상품인데도 실제가 거래가 이뤄지고 있는 걸 보면 코로나19 사태가 많은 것을 변화시킨 게 분명합니다.

2023년 들어서는 편의점 설 선물 리스트에 '자동차'가 포함되었 습니다. 이마트24가 편의점 가운데 최초로 자동차를, 그것도 국산 차뿐 아니라 BMW 5 시리즈와 벤츠 E 클래스를 판매한다는 기사 가 났습니다. 이젠 고가의 외제차를 편의점에서 살 수 있게 되었습 니다. 한편 GS25에서는 2023년 설 선물 상품으로 한 병에 550만 원이 넘는 샤토 무통 로칠드 200 같은 고급 포도주를 목록에 올렸 습니다.

편의점들 간에도 경쟁이 격해지고 있는 데다 코로나 바이러스로 인한 비대면 쇼핑의 비중이 높아지면서 고객들의 구매 패턴에 많은 변화가 생기고 있습니다. 이런 격변의 시기에 편의점으로서는 자신의 영역을 확보하고 성장을 지속하기 위해 끊임없이 진화해야 합니다. 특히, 앞서 소개한 다이아몬드, 고급 외제차, 고급 포도주 같은 고가품은 당장 매출과 수익을 올리기 위해 판매했다기보다는, 브랜드를 소비자에게 각인시키는 효과를 기대한 마케팅 활동으로 보는 편이 더 설득력이 있어 보입니다. 경쟁력 면에서 '우리 편의점' 브랜드가 다른 편의점 브랜드보다 낫다는 것을 보이기 위함입니다.

이런 차원에서 2022년 들어 주요 편의점에서는 저마다 독특한 서비스를 제공하고 있습니다. 먼저 GS25에서는 한 결혼 정보 회사 고객들이 회원으로 가입할 수 있도록 홍보물을 제공하는 서비스를 내놨습니다. 이마트24에서는 '소형 무인 셀프 사진 스튜디오'를 내놓은 데 이어, 금호타이어와 연계해서 '타이어 대여'를 비롯해 타이어 위치 교환과 차량 휠의 정렬을 정비하는 '휠얼라인먼트 서비스'를 내놓기도 했습니다.

이것만으로는 부족했는지 편의점 점포 운영 방식에도 변화가 나타났습니다. 바로 취급 품목 다양화와 매출 증대 목적에서 하나의 매장에 두 개 이상 업체가 동시에 존재하는 숍인숍^{shop in shop} 체제를 편의점에 도입하는 움직임입니다.

원래 숍인숍은 땅값이 비싼 지역에 입점한 업체이거나, '핫플레

편의점	입점 매장	업종과 특징
이마트24	페이브	·스페셜티 카페로 커피와 디저트 판매 ·2020년 3월 도입. 21년 4월 기준 50여 점포
	스무디킹	·신세계 스무디킹 음료 매장 ·2019년 9월 도입. 21년 4월 기준 300여 점포
	삼성전자	·삼성전자 정품 모바일 액세서리 매장
GS25	무신사	·티셔츠, 속옷 등 PB 제품 전용 판매장 ·2021년 하반기 도입
	랄라블라	·랄라블라 뷰티 전용 제품 매장 ·2021년 11월 도입. 21년 4월 기준 300여 점포
세븐일레븐	비비안	·속옷 브랜드 비비안의 경량 패딩 매장 ·2019년 겨울 도입. 매년 시즌제로 운영

[편의점별 숍인숍 운영 사례]

이스'로 떠오르면서 임차료가 급상승한 지역의 임차인이 이를 해결하기 위해 완전 다른 가게를 매장에 들여 '한 지붕 두 가족' 방식으로 운영하는 것을 말합니다. 또는 한 명의 업주가 '낮에는 커피숍 밤에는 호프집'과 같이 두 업종을 시간대에 따라 달리 운영하는 방식입니다.

편의점 역시 경쟁이 치열해진 탓에 차별성을 부각하려는 목적으로 숍인숍 방식을 도입하고 있습니다. 위의 표는 편의점 브랜드별 숍인숍 매장을 보여줍니다.

그 밖에도 강원도 횡성군 둔내동에 있는 이마트24 매장에는 '지역 농산물 판매장'이 입점해 있습니다. 세븐일레븐에서는 사전 예약제 형태로 '닌텐도 스위치 게임'을 판매하기도 합니다.

코로나19 사태는 우리 일상생활의 많은 것을 바꿔놓았습니다. 쇼핑 패턴에 변화가 일어나면서 유통사도 변화할 수밖에 없습니다. 우리 생활 가장 가까이에 있는 편의점 역시 그러합니다. 앞날의 편의점은 어떤 모습일지 자못 궁금해집니다.

인민소비품과 직매점, 북한식 편의점 황금벌상점

북한에 편의점이? 북한에 관심이 많아 관련 자료를 많이 찾아보았지만 편의점이 있다는 건 상상조차 못했습니다. 폐쇄적인 북한이지만 변화를 겪기에 생겨난 산물일 것입니다.

해방 이후 북한은 정권 강화를 위해 계층별로 차등 대우하는 식량배급 체계를 국가적으로 확립하기 위한 기반을 마련했습니다. 전쟁이 한창이던 1952년에는 배급제를 공식화해서 식량에 대한 국가의 통제권을 강화합니다. 휴전 이후 전후 복구가 한창이던 1957년에 북한 정권은 개인이 식량을 사고 파는 행위를 완전 금지했고, 도시 거주민은 식량을 배급제에 전적으로 의존하게 만들었습니다.

북한의 유통망 역시 배급제를 지원하는 역할을 수행해왔습니다.

그런데 변화가 없었던 유통망에 변화가 생겼습니다. 바로 직매점과 편의점이 등장한 것입니다.

1960년대와 1970년대 초반까지만 하더라도 북한은 한국을 경제적·군사적으로 압도했습니다. 그러나 체제 경쟁력이 한계에 달한 1980년대 들어 폐쇄적인 자력갱생 노선만을 고집할 수 없음을 깨달은 북한은 1984년 합영법 제정으로 외자 유치 시도 등 변화를 꾀합니다.

이런 변화 가운데 하나가 8.3 인민소비품 생산 운동과 직매점 등장입니다. 북한은 중공업 우선 정책을 펼친 탓에 경공업이 낙후되었습니다. 생활필수품인 인민소비품은 품질과 양 모두 부족합니다. 이대로는 안 되겠다고 생각했는지 북한은 생필품 공급 증진을 위해 1984년 8월 3일에 김정일이 생필품 생산에 대한 '8.3 교시'를 내립니다.

8.3 교시는 공장의 생산 과정에서 나오는 부산물과 폐기물을 원료로 하는 소규모 가내작업반을 조직해 생필품 생산에 나서게 하는 조치였습니다. 자원 재활용 성격을 가진 8.3 교시는 피복 공장에서 의류를 생산하고 남은 천을 속옷과 아동 의류 생산에 활용하는 식입니다. 주어진 여건을 최대한 활용해 생산을 늘려 공급량을 확대하고자 함이었습니다.

생산품은 사적 제품에 가까워 지역 직매점에서 팔도록 했습니다. 국가 계획에 없는 8.3 인민소비품의 유통망을 확보하기 위한 조치였습니다. 부분적으로 사적 경제활동을 보장하는 8.3 인민소비품 생산 운동은 그러나 부산물과 폐기물로 생산한 나머지 품질이 나빠 인민들에게 외면을 받았습니다. 하지만 점차 경험이 쌓이면서 일부 제품은 중국산보다 낫다는 호평을 받았습니다. 생산 품목 또한 소소한 일상 용품에서 가전제품까지 확대되어 다양성을 확보했습니다.

코로나 바이러스가 창궐하기 시작한 2020년에도 230종류의 8.3 인민소비품이 추가되었다고 합니다. 그 정도로 8.3 인민소비품 생산은, 국제사회의 경제 제재와 코로나19에 따른 국경 봉쇄 탓에 경제가 위축되었음에도 불구하고 양적·질적 측면에서 확대되고 있습니다. 8.3 인민소비품 생산이 활기를 띠면서 8.3 인민소비품 유통 기관인 직매점은 가내작업반에서 생산하는 생필품에 개인 수공품까지 다양한 제품을 취급하고 있습니다.

그런데 재미있는 점이 있습니다. 계획경제 밖의 생산품을 유통하는 까닭에 직매점은 '독립 유통 기관'이라는 점입니다. 가격도 수요와 공급에 따라 정하므로 '자본주의적 요소'를 가지고 있습니다. 여기에다, 농촌 직매점에서 산 제품을 웃돈을 얹어 팔거나 물물교환으로 얻은 옥수수 등을 장마당에 팔아 이익을 보는 개인 도소매상의 공급처 역할도 하고 있습니다. 북한 정권이 봤을 때 직매점은 불법 상행위를 부추기는 비사회주의적 유통망이 분명합니다. 하지만 모든 생필품과 서비스를 국가가 제공할 수 없기 때문에 직매점 유통망 운영을 용인하고 있습니다.

《인민이 사는 모습》^(서동익 지음, 도서출판MG, 1995)과 〈북한 시장실태 분석〉^{(산}

업연구원KIET) 자료에 따르면, 1990년대에 직매점은 북한 전역에 200여 곳이 있었습니다. 민간에 속한 장마당이 늘어나면서 자칫 체제에 위협이 될 수 있다는 판단에 북한 정권은 각 군에 직매점을 한 개씩 설치해, 장마당과 경쟁하는 '국영 장마당' 역할을 부여하고 그 수를 확대하려고 했습니다. 장마당을 없애기엔 부작용이 크니 장마당을 허용하되, 직매점을 띄워 장마당을 견제하려는 목적이었습니다. 이런 이유로 자본주의적 유통망인 직매점이 북한 정권의 후원을 받으면서 자리 잡았습니다.

평양 삼일포 특산물 직매점처럼 특색 있는 직매점도 등장했습니다. 자유아시아방송^{RFA} 기사 〈[북한경제, 어제와 오늘] 유통의 시장화②〉에 따르면, 삼일포 직매점은 군부가 운영합니다. 삼일포 특산물 공장에서 생산한 식료품과 막걸리 등 주류를 판매하는 직매점으로 매장 시설과 제품 품질이 우수하다고 알려졌습니다.

정권의 후원을 받아 성장한 직매점 말고도 2014년 12월 20일에는 '황금벌상점'이 등장합니다. 직매점은 주로 북한에서 생산한 제품을 판매하고 거래도 북한 돈으로 이뤄집니다. 반면 황금벌상점은 외제 상품도 있고 외화로도 거래가 가능하다고 합니다. 직매점처럼 다양한 생활용품과 식료품을 갖춘 종합 상점으로 대량 구매한 상품을 낮은 가격에 파는 박리다매 방식으로 운영하며, 관세 특혜를 받은 수입품도 판다고 합니다. '편의점'이라고 하지만 24시간 영업은 하지 않습니다. 같은 종류의 상품을 파는 체인점과 성격이 비슷하다는 점에서 황금벌상점을 '북한식 편의점'이라고 칭하는 게 더 정확해 보입니다.

황금벌상점의 등장은 북한 정권의 정책과 밀접한 관련이 있습니다. 중국을 방문해서 중국의 발전상을 본 김정일은 '7.1 경제관리 개선 조치'를 2002년에 내놓았습니다. 시장화가 급격하게 진행되어 체제에 위협이 될 수 있다는 판단에 김정일은 계획경제 체제로 돌아가기 위해 화폐개혁과 장마당 통제를 하며 기존 정책을 뒤집었습니다. 그렇지만 시장화가 상당히 진행되었기 때문에 과거 회귀 정책이 성공할 수 없었습니다.

후계자인 김정은 역시 시장을 허용하다 통제하는 등 오락가락했습니다. 장마당을 그대로 뒀다가는 권력이 넘어갈 수 있다는 불안감이 김정은을 고민에 빠뜨렸습니다. 어차피 장마당을 없애지 못한다면 인민을 국영 상점으로 오게 만드는 편이 낫겠다고 판단했을 것입니다. 그러면 국가가 경제적 주도권도 찾고, 외화 결제 방식을 도입하면 소액이나마 외화 확보도 가능하기 때문입니다. 장마당보다 나은 유통 판매망을 갖추는 게 상책이었습니다. 결국 장마당과 경쟁해서 인민이 국영 상점을 더 많이 찾게 하고 그들의 돈을 국고로 넣으려면 국영 상점이 더 나은 서비스를 제공해야 한다는 결론에 도달합니다. 그렇게 황금벌상점이 탄생했습니다.

새로운 판매 방식과 서비스를 제공하는 황금벌상점의 등장은 시장경제 도입을 위한 신호탄인 동시에 작게나마 북한의 변화를 보여주는 사례입니다.

북한은 황금벌상점을 '사회주의적 관리 책임제'의 성공 사례로 주장합니다. 여전히 계획경제에 미련이 남아 있음을 알 수 있습니다. 황금벌상점을 운영하는 황금벌무역회사 또한 국영기업이라 정책에 따라 황금벌상점도 한계에 직면할 것입니다. 다만, 기존과 다른 상점이어서 북한 내부에 어떤 영향을 미칠 것은 분명합니다. 편리함을 경험하면 더 나은 걸 원하는 게 사람입니다. 영원히, 무조건, 찍어 누를 수는 없습니다.

북한은 오랫동안 폐쇄 성책을 고수해왔습니다. 1980년대 '합영법'과 '8.3 인민소비품 생산 운동'에 힘입어 생긴 직매점은, 그 등장만으로 계획경제에 작은 구멍을 낸 것입니다. 고난의 행군을 거치면서 장마당으로 대표되는 민간 경제의 성장과 '돈주'라는 자본가가 등장한 것도 같은 맥락입니다. 2000년대 들어서는 '7.1 경제 관리 개선 조치'와 '5.30 담화' 등을 통해 기업 자율권과 사회주의적 관리 책임 원칙에 기초해서 황금벌상점과 같이 기존과 다른 유통망이 등장했습니다.

가내작업반에서 만든 제품과 개인 수공품을 취급하는 등 정권 통제에서 일정 수준 벗어나 있는 직매점과 황금벌상점의 등장은, 과연 북한이 어떻게 변화할지 논쟁할 만한 소재 가운데 하나입니다. 사회주의를 내세우는 북한이지만 경제적으로 시장화가 상당히 이뤄져서 계획경제를 내세워도 인민은 시장경제에서 생활하고 있습니다. 과연 황금벌상점이 북한이라는 폐쇄 사회가 바뀌는 요인으로 작용할지는 모르지만, 북한 유통망에 변화를 가져온 드문 사례임은 분명합니다.

잠깐!) 호르고스 경제자유구역

중앙아시아의 카자흐스탄은 바다가 없지만 고대 실크로드의 요충지였습니다. 지금도 동서양을 잇는 요지입니다. 특히 중국 서부에 인접해서 급성장한 호르고스Khorgos 경제자유구역은 내륙항구와 복합산업단지가 있어 카자흐스탄의 물류산업이 발전하도록 도왔습니다.

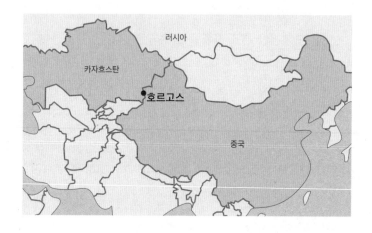

호르고스 경제자유구역은 도로와 철도 등 인프라가 잘 조성되어 급성장할 수 있었습니다. 이 구역에서는 토지세와 부가세가 면제됩니다. 중국인과 카자흐스탄인은 임시통행증으로 한 달간 제약 없이 왕래할 수 있습니다. 구매한 상품에는 면세 혜택도 줍니다. 실상 말로만 국경이 있을 뿐이지, 특별한 제약 없이 물건을 구매할 수 있고 자유롭게 교역할 수 있으니, 마치 실크로드 전성기 때 오아시스를 끼고 발달한 교역 도시들을 연상하게 합니다.

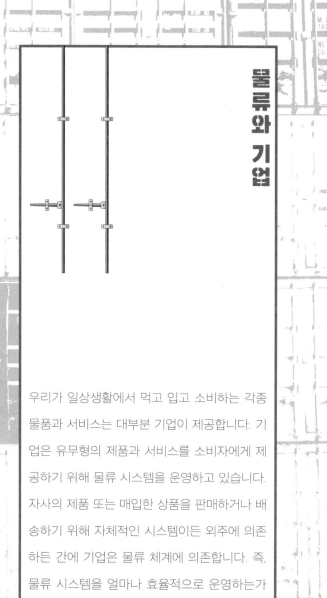

물류와 기업

우리가 일상생활에서 먹고 입고 소비하는 각종 물품과 서비스는 대부분 기업이 제공합니다. 기업은 유무형의 제품과 서비스를 소비자에게 제공하기 위해 물류 시스템을 운영하고 있습니다. 자사의 제품 또는 매입한 상품을 판매하거나 배송하기 위해 자체적인 시스템이든 외주에 의존하든 간에 기업은 물류 체계에 의존합니다. 즉, 물류 시스템을 얼마나 효율적으로 운영하는가에 따라 기업 경쟁력이 달라집니다.

특히, 세계화의 영향으로 국경을 넘어 '공급사슬'이 밀접한 연계를 맺고 코로나 바이러스로 비대면 경제의 비중이 높아지면서 물류 시스템의 중요성이 커졌습니다.

이런 이유로 일상생활에 필요한 재화와 서비스를 제공하는 기업이 어떻게 물류 시스템을 이용하는가에 따라 성장하거나 쇠락하는 길로 들어서는 경우가 발생했습니다.

게 임체인저 쿠팡

2021년 3월 10일. 이날은 쿠팡이 뉴욕 증시에 상장한 날입니다. 쿠팡의 미국 증시 상장은 의외였습니다. 2020년까지 누적 적자가 4조 2000억 원이나 되었기 때문입니다.

쿠팡은 뉴욕 증시에 상장하면서 미래 가치와 능력이 있는 회사임을 증명합니다. 코로나19 '덕분'에 비대면 쇼핑이 증가했기 때문이라는 낮은 평가도 있습니다. 물론 코로나19의 수혜를 입은 건 사실입니다. 하지만 쿠팡은 모든 부문을 고루 개선해서 경쟁력을 확보할 수 있었습니다.

원래 한 분야를 개선하면 다른 분야를 포기하기 마련입니다. 취급 품목을 늘리면 큰 창고가 필요합니다. 입출고와 재고 관리 시스템도 개선해야 합니다. 그만큼 비용이 늘고 유연성도 떨어집니다.

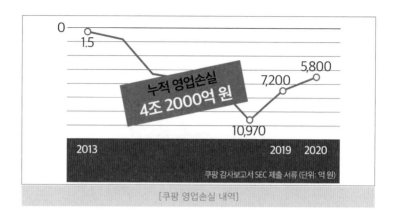

0
1.5

누적 영업손실
4조 2000억 원

5,800

7,200

10,970

2013 2019 2020

쿠팡 감사보고서 SEC 제출 서류 (단위: 억 원)

[쿠팡 영업손실 내역]

그런데 쿠팡은 '새벽배송'으로 대표되는 신속성과 '품목 다양화'라
는 두 마리 토끼를 잡았습니다. 상품 가격을 낮게 유지하면서도 혁
신하는 기업으로 주목받았습니다.

2010년에 설립한 쿠팡은 '쿠폰이 팡팡 쏟아진다'는 뜻의 회사명
을 단, 거래를 중개하고 수수료를 챙기는 소셜커머스^{social commerce} 회
사였습니다. 그러다 2014년에 상품 포장부터 배송까지 전 과정을
대행하는 풀필먼트^{fulfillment} 업체로 변신했습니다.

'로켓배송'을 시작한 2014년만 해도 이커머스^{eCommerce(전자상거래)} 시
장에서 중요한 것은 가격 경쟁력이었습니다. 쿠팡은 속도를 무기
로 내세웠습니다. 기존 유통 기업과 이커머스 업체를 이기려면 아
예 판을 갈아엎어야 한다는 생각에 신속 배송 체계를 들고 나온 것
입니다.

위험을 감수한 변신이었지만 2015년에 연매출 1조 원을 넘긴

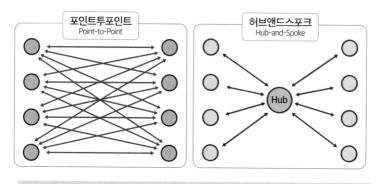

포인트투포인트
Point-to-Point

허브앤드스포크
Hub-and-Spoke

Hub

[허브앤드스포크 개념도]

뒤로 2020년에는 연매출이 14조 4000억 원으로 치솟았습니다. 어지간한 대기업도 달성하기 힘든 '연매출 10조 클럽'에 이름을 올렸습니다. 쿠팡의 급성장에는 로켓배송의 역할이 컸습니다. 로켓배송이 보여준 배송 속도는 물류 거점 설계가 여타 기업과 다르다는 점에서 가능했습니다.

대개 물류창고는 도심 근처 외곽에 위치합니다. 땅값이 조금이라도 싼 지역에 창고가 있어야 비용을 아낄 수 있기 때문입니다. 통상적으로 허브앤드스포크hub & spoke(바퀴와 바큇살)라고 해서, 특정 지역의 중앙 창고에 집하된 화물을 분류한 뒤 각 거점에 보내 규모의 경제와 비용 효율화를 추구하는 방식이 있습니다. 이 경우 주요 거점별로 대형 창고가 있으면 유용합니다.

하지만 주요 거점에 집결한 화물을 각 지역별로 보내기 때문에 배송 시간이 늘어나는 단점이 있습니다. 그래서 쿠팡은 로켓배송의 속도와 배송품이 전달되는 마지막 단계인 라스트마일의 경쟁력을 높이기 위해 전국 70퍼센트 지역이 쿠팡물류센터에서 11킬로미터 이내에 들어가도록 해, 배송 시간을 30분 이내로 낮출 수 있게 물류 네트워크를 구축했습니다. 쿠팡은 창고에 상품을 보관하다가 주문이 오면 바로 대응해야 하는 풀필먼트 업체입니다. 그러니 경쟁력인 속도를 높이기 위해 시간을 단축시키는 창고 입지가 중요할 수밖에 없습니다.

로켓배송은 한국인의 '빨리빨리 기질'과 부합하면서 성공을 거뒀습니다. 고객들이 쿠팡을 다시 찾는 동기이자 쿠팡의 사업 영토 확장 기반이기도 합니다. 여세를 몰아, 쿠팡은 배달 서비스 쿠팡이츠와 중고차업체 쿠릉으로까지 사업을 다각화하고 있습니다.

그런데 쿠팡이 신속 배송을 하고 사업을 확장해도 상품이 다양하지 못하면 경쟁에서 승리할 수 없습니다. 이 때문에 쿠팡은 판매 품목의 최대화에도 공을 들여왔습니다. 풀필먼트 서비스가 품목 다양화에 앞장서, 제품 보관·배송·환불 등의 서비스를 제공해 판매자의 업무 경감과 사업 활성화를 도와 판매자의 쿠팡 유입을 촉진하고 있습니다.

쿠팡의 로켓배송으로 빠른 배송이 가능하고 직구입이 안 되는 상품은 풀필먼트 시스템을 통해 상품 관리와 배송을 할 수 있으니, 판매자 입장에서는 쿠팡 플랫폼에 입점해 쿠팡 창고에 물류와 유통을 맡기는 편이 낫습니다. 이런 전략은 보다 많은 품목을 쿠팡의 판매 품목으로 유입시켰습니다.

상품 종류가 많아지는 만큼 동일한 품목을 파는 입점 업체가 늘면 가격 인하 효과가 생깁니다. 이는 규모의 경제로 이어져 낮은 가격에 효율적인 물류 서비스를 제공할 수 있게 됩니다. 효율이 증가하면 신규 사업자와 고객이 쿠팡에 유입되고 충성 고객이 늘어납니다. 그 결과 쿠팡은 배송 속도 증가, 다양한 상품 확보, 저렴한 판매가격을 확보해서 경쟁사에 비교 우위를 확보했습니다.

여기에 더해 MFC, 즉 '마이크로 풀필먼트 센터^{Micro Fulfillment Center}'란 소형물류센터를 도심에 지었습니다. 주문 접수를 한 뒤 15분 내 배송하는 퀵커머스^{quick commerce} 서비스를 도입한 것입니다. 속도는 물론 고객 접근성까지 높이는 시도를 하고 있습니다.

그런데 2021년 9월 뉴스에 마이크로 풀필먼트 센터 탓에 폐업한 마트와 배송 오토바이의 위험성을 다룬 인터뷰 기사가 나왔습니다. 이는 쿠팡의 퀵커머스 서비스의 부정적인 면으로 규제가 필요하다는 내용이었습니다. 부작용을 최소화하며 운영하는 방향으로 서비스가 제공되어야 하겠습니다.

극단적인 신속함으로 물건을 사러 집 앞에 나갈 필요도 없게 하는 퀵커머스는 요기요의 '요마트'나 배달의 민족의 'B마트가' 먼저 시작했습니다. 쿠팡이 만든 '쿠팡이츠'는 후발주자입니다. 그러나 쿠팡이츠 역시 속도가 무기입니다. 다른 퀵커머스업체는 라이더를 섭외해 배송합니다. 그러자면 주문 접수에서 배송까지 30~40분 정도 걸립니다. 홈플러스 익스프레스나 롯데슈퍼의 경우에는 한 시간이 걸립니다. 쿠팡은 배송원을 상주시켜 소요 시간이 경쟁사의 절반에서 4분의 1 수준입니다.

쿠팡 입장에서는 배송원이 상주하면 인건비가 늘고 센터 확보 비용과 유지비도 부담이 됩니다. 하지만 초기 단계인 퀵커머스 시장을 선점하기 위해 쿠팡은 비용을 기꺼이 감당하고 있습니다.

속도를 내세운 공격적인 마케팅과 서비스로 쿠팡은 큰 성과를 이뤘습니다. 하지만 그만큼 문제점도 안고 있습니다.

먼저 적자가 큰 위험 요인입니다. 2022년 7월부터 9월에 걸쳐 처음으로 1000억 원이 넘는 영업이익을 내기 전까지 쿠팡은 적자를 면한 적이 없었습니다. 언제 부도 나도 이상할 게 없어 보일 정도였습니다. 그런데도 쿠팡은 계속 신규 서비스를 내놓았습니다. 소프트뱅크를 비롯해 투자사들로부터 거액을 유치하고 뉴욕 증시에 상장해 5조 원의 투자금을 확보했지만, 기존 투자금은 경쟁력 강화에 쓴 상황이라 안심할 수 없습니다. 특히, 물류센터 건설과 퀵커머스 도입 등 거의 돈을 땅에 깔아야 할 만큼 자금 수요가 많아 재무 구조를 개선하거나 비용을 줄이지 않는 한 투자금 소진은 피할 수 없습니다.

기업이 수익을 내는 대신 투자금으로 사업을 이어가는 건 큰 모험입니다. 당장은 장래성과 성장성이 있어서 괜찮을 겁니다. 그러나 '밑 빠진 독에 물 붓기'로 생각한 투자자들이 투자를 중단하거나 줄이면 큰 타격을 받을 수 있습니다. 쿠팡이 대기업 계열사라면 도움 받을 데가 있겠지만, 지금처럼 투자금으로만 버티면 문제가 커질 수 있습니다. 투자 유치가 한계에 달하거나 혹자 전환이 안

되면 누구든 쿠팡 적자를 심각하게 여길 겁니다.

　실제 2021년 3월 상장 때 쿠팡 주가는 35달러였습니다. 하지만 2021년 9월 24일 기준 28달러 31센트로 20퍼센트 가까이 하락해 우려의 목소리가 나왔습니다. 높은 국내 매출 비중과 2020년 이후 적자폭 확대가 주가 하락에 영향을 미쳤을 것입니다. 계획된 적자라지만 영업적자가 2021년 14억 9396만 달러^(1조 8000억 원)를 기록했습니다. 2020년 대비 적자가 59.6퍼센트^(6721억 원) 늘어 매출 증가폭을 뛰어넘었습니다. 영업적자의 대폭 증가는 순이익에도 영향을 미쳤습니다. 2021년 순손실은 15억 4259만 달러^(1조 8627억 원)로 2020년 4억 6316만 달러^(5593억 원)보다 10억 7943만 달러로 233퍼센트^(1조 3034억 원) 늘며 사상 최대를 기록했습니다. 주가도 영향을 받아 2021년 11월 12일 26달러 58센트로 내려간 뒤 26~27달러 대 박스권에 갇혀 있었습니다. 그리고 2022년 1월 7일 25달러 97센트로 연초부터 정체 상태였습니다. 그러다가 2023년 2월 10일 기준으로 쿠팡 주가가 15달러 65센트로 1년 사이에 39.7퍼센트^(10달러 32센트)나 하락하더니 6월 2일에는 16달러 50센트를 기록하며 투자자의 불안감을 부채질하고 있습니다.

　물론 적자라고 무조건 주가가 떨어지는 것은 아닙니다. 2021년 11월 16일자《뉴시스》기사에 따르면, 쿠팡은 2021년 3분기 매출이 2020년 3분기 매출보다 48.1퍼센트 오른 46억 4470만 달러^(5조 4789억 원)를 기록하며 성장세를 이어가고 있습니다. 매출이 2분기 연속 5조 원대인 점을 들어 쿠팡의 미래를 걱정할 필요가 없다는 반론도 있습니다.

그렇다고 하더라도 영업적자가 계속 발생하고 있고 누적액이 조 단위 금액인 걸 보면 안심할 수는 없습니다. 쿠팡의 적자가 운영 방향이나 서비스 요금 인상 등에 미칠 영향도 관찰할 필요가 있는 까닭입니다.

다행히 쿠팡은 2022년 3분기[7~9월]에 최초로 흑자를 기록해 계속 발생하는 적자에 대한 우려를 불식시켰습니다. 먼저 매출이 6조 8383억 원을 기록하면서 2021년 3분기 보다 1조 3594억 원 늘어 24.8퍼센트의 상승률을 기록했습니다. 한국의 2022년 3분기 온라인 유통 시장 성장률이 12.3퍼센트인데 비해 두 배가 넘는 성장률을 보인 것입니다. 매출액 대비 채 2퍼센트가 안 되는 1037억 원이란 금액이긴 하지만 첫 흑자를 기록하며 쿠팡의 적자는 계획된 것이었음을 증명합니다.

물론, 쿠팡이란 이름으로 사명을 바꾼 뒤 10년 가까이 적자를 내리 기록하다가 딱 한 번, 그것도 연간 영업이익이 아닌 분기 영업이익을 기록한 실적이어서 일회성인지 아니면 흑자 구조가 자리를 잡을 것인지는 두고 봐야 할 일입니다. 다만, 2014년 쿠팡이 로켓배송을 도입한 뒤 영업이익에서 한 번도 기록하지 못한 흑자를 냈다는 점에서 기대해볼 만합니다.

특히, 2022년 3분기부터 수익성이 개선되고 있다는 분석이 나오면서 세계적인 투자은행 바클레이즈가 2022년 매출을 2021년의 184억 달러[23조 원] 보다 32퍼센트[59억 달러] 증가한 243억 달러로 예

항목	금액(만 달러)	금액(억 원)	특징
연매출액	2,058,261	265,917	·2021년 대비 26% 증가 ·역대 최대 매출 실적
4분기 매출액	532,677	72,404	·분기 환율 1359.26원 기준 환산 ·분기 기준 최초 매출 7조 원 초과
4분기 영업이익	8,341	1,133	·2022년 3분기 대비 9% 증가
4분기 당기순이익	10,206	1,387	·2022년 3분기 대비 14% 증가

[2022년 쿠팡 매출액과 이익 내역]

상하는 보고서를 발간했습니다.

《EBN 산업경제》의 2023년 3월 10일자 〈흑자낸 쿠팡발 거센 파도…오프라인 유통채널, 인프라 늘린다〉 기사에 따르면, 쿠팡의 2022년 매출은 예상보다 37억 1739만 달러 적은 205억 8261만 달러(26조 5917억 원)의 성적을 기록했습니다. 그렇지만 역대 최대 매출액이고 2021년 매출액에 비해 26퍼센트라는 큰 폭으로 증가해 절대 과소평가할 수는 없습니다. 매출이 느는 데 비해 투자 비용이 줄어 수익성이 개선될 거란 예상이 나오는 걸 보면 쿠팡의 2022년 4분기 흑자는 이뤄질 가능성이 높다는 의견이 있었습니다. 실제로 쿠팡의 4분기 영업이익 흑자는 일본 시장 진출 실패라는 악재를 극복한 결과물이라는 점에서 더 주목됩니다.

쿠팡은 2021년 6월에 다이소와 일본 백화점 다카시마야 등과 제휴하여 5000가지의 상품을 10분 안에 배송하는 퀵서비스를 내세워 일본의 퀵커머스 시장에 진출했습니다. 하지만 고령화 사회인 일본 소비자가 스마트폰을 통한 앱 사용이 익숙하지 않은 데다 전통적으로 편의점 선호도가 높은 문화 탓에 코로나19로 인한 배송 수요의 증가에도 불구하고 경쟁력을 확보하지 못했습니다. 결국 쿠팡은 일본 시장에서 1년 9개월 만인 2023년 3월 일본에서 철수했습니다. 철수하기 전인 2022년 일본 시장에서의 경쟁력 약세라는 악재에도 불구하고 2022년 4분기에도 영업이익 흑자를 기록한 것입니다. 악재 속에서도 2분기 연속으로 영업이익을 낸 걸 보면 비용 감소와 수익성 개선 작업이 잘 이뤄져서 흑자 구조가 장기간 정착될 것으로 기대할 수 있습니다.

두 번째는 문제는 코로나19의 지속과 확산세 여부입니다. 위드 코로나로 전환되긴 했지만 계속 변종이 등장해서 확진자가 폭발적으로 늘면 학교 수업이나 직장 생활은 물론 상거래에서도 비대면의 필요성이 유지될 수밖에 없습니다. 그러면 쿠팡의 중요도가 더 높아질 것입니다. 다만, 위드 코로나로 바뀐 뒤 실내 마스크 착용 해제 등의 정책이 뿌리를 내리고 사태가 안정되면 차츰 쿠팡 의존도가 감소할지도 모릅니다. 그렇다고 해도 소비자가 이미 익숙해진 쿠팡을 더 이상 이용하지 않는 상황이 벌어지지는 않을 것입니다. 쿠팡의 매출이 급감한다는 등의 돌발 상황이 일어날 가능성 역시 낮습니다.

쿠팡은 설립할 때부터 미국 주식 시장 상장을 고려하고 있었고 결국 뉴욕 증시에 상장했습니다. 뉴욕 증시 상장은 포스트 코로나를 염두에 둔 사전 조치란 의견이 나오고 있습니다. 기업 가치를 높이고 포스트 또는 위드 코로나 시대에 대비해 자금을 확보하기 위한 전략으로 보기 때문입니다.

세 번째 문제는 쿠팡의 평판 관리에 있습니다. 쿠팡이 열악한 근무 환경을 개선하려는 노력이 부족하다는 지적이 있습니다. 문제가 생겼을 때 사과하고 잘못된 부분을 고치려는 노력하기보다는, 어떻게든 빠져나갈 궁리만 한다는 비난도 있습니다.

일례로 2020년 5월 23일에 쿠팡 부천물류센터에서 코로나19 확진자가 나왔을 때 쿠팡은 언론을 통해 몇 차례 입장문을 발표하긴 했지만 진정성을 느낄 수 없었습니다. 2020년 5월 30일자 《한국경제》를 보면, 쿠팡은 확진자 발생 사흘 뒤인 26일 열네 명의 확진자가 나온 시점에 "철저한 방역을 하고 있다"는 내용의 입장문을 보도자료로 내놓았습니다. 5월 28일에는 쿠팡 고객들에게 "어려운 시기에 저희까지 심려를 끼쳐드려 송구합니다"라는 내용이 담긴 입장문을 내보냈습니다. 사과의 주체는 쿠팡 법인이고 사과의 대상은 국민 전체가 아닌 쿠팡 고객만으로 한정했습니다. 쿠팡이야 방역을 했는데도 확진자가 나왔으니 억울할 테지만, 미진했을 대처 부분과 사과의 내용을 창업주 김범석 의장 이름으로 국민 전체를 대상으로 해서 내보냈다면 어땠을까, 아쉬움이 남습니다.

또 하나의 사례는 2021년 6월 17일 쿠팡 덕평물류센터 화재 사건입니다. 화재 진압에 5일이 걸렸습니다. 경기도 광주소방서 김동식 소방령이 수색 작업 중 실종된 지 3일 만에 시신으로 발견되었습니다. 화재로 주변 마을과 농작물이 피해를 입었습니다. 그런데 2021년 6월 18일《중앙일보》기사 내용처럼 쿠팡 김범석 의장은 불이 난 지 다섯 시간 후 등기이사와 의장직 등 한국 쿠팡의 모든 직위에서 사퇴한다고 발표했습니다. 이는 부정적인 여론에 기름을 부었습니다. 화재 진압이 완료되지 않았고 사후 수습을 하려면 구심점 역할을 누군가 해야 하는데 창업주 인사 이동을 굳이 그때 발표했기 때문입니다.

쿠팡의 대응을 보면 중대 사건이 생겼을 때면 책임 회피와 늑장 사과를 한다고 여길 수 있습니다. 이는 아마도 급성장의 부작용인 듯도 합니다. 쿠팡은 2010년 창립 후 12년이란 기간 동안 로켓이 올라가는 속도만큼 급성장했지만, 미처 운영 체계는 정교하게 다듬지 못했기 때문으로 보입니다.

네 번째 문제로 경쟁사를 들 수 있습니다. 쿠팡이 급성장했다지만 2020년만 보더라도 쿠팡의 시장점유율은 13퍼센트에 불과합니다. 2022년 12월 22일자《서울경제》〈e커머스 주춤한데…'네이버·쿠팡'은 더 세졌다〉기사에 따르면, 쿠팡의 이커머스 시장점유율은 16.5퍼센트로 2020년보다 시장점유율이 상승했습니다. 하지만 20.1퍼센트를 차지한 네이버에 이어 2위를 기록했습니다. 쿠팡은 경쟁사를 압도하지 못하고 있어 잠시도 여유를 부릴 처지가 못 됩니다.

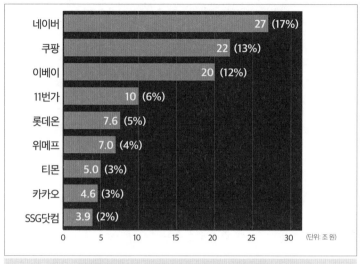

[업체별 이커머스 거래액과 점유율] (자료: 교보증권)

네이버만 해도 CJ대한통운과 각각 3000억 원씩 총 6000억 원의 지분을 맞교환해서 동맹을 강화했습니다. 한편 용인에 1만 9835제곱미터[(6000평)] 규모의 콜드체인 물류창고를, 군포시에 전자상거래를 지원하는 e풀필먼트 물류창고를 2021년 8월부터 가동했습니다. 이를 통해 풀필먼트 서비스의 경쟁력과 인프라 능력 확충을 통한 전국 배송 서비스를 하고 있습니다. 그 이유는 소비자가 식품을 구매할 때 주로 이용하는 쇼핑몰 가운데 네이버의 비중이 7퍼센트인데 반해 쿠팡은 그 3.3배인 23.1퍼센트일 정도로 네이버가 압도적 열세이기 때문입니다. 그럼에도 불구하고 2020년 전체 거래액에서 쿠팡이 22조 원, 네이버는 5조 원 더 많은 27조 원입니다. 네이버가 쿠팡을 압도할 경쟁력이 있는 이커머스 플랫폼임을 증명했습니다. 만일 신선식품 배송 체계와 콜드체인 물류센터가 제대로 가동한다면 네이버가 쿠팡과의 격차를 더 벌릴 수 있습니다.

또 다른 경쟁사인 GS리테일은 '우리동네 딜리버리'란 배달 대행 서비스를 제공합니다. 외부 기업 지분 인수 등 2021년 한 해의 투자 금액만 4000억 원이 넘어 어지간한 중견기업 1년 매출액을 공격적인 투자에 쏟아부었습니다. GS리테일의 광폭 행보는 물류 경쟁력 강화에 초점을 맞추고 있습니다. 특히, 고객에게 제품과 서비스를 전달하는 마지막 구간인 라스트마일과 친환경 운송 수단인 전기차 운영의 확대를 통한 물류 부문의 ESG(환경Environment·사회Social·지배구조Governance) 강화, 그리고 카카오 모빌리티의 교통 관련 데이터와 기술력을 활용해 물류 네트워크의 경쟁력 향상과 효율성 제고를 추구하고 있습니다. 2021년 12월 30일에는 경기도 김포시에 수도권 서부 지역 물류 거점이자 세 번째 이커머스 전용 물류 자동화 센터인 '프라임센터Prime Center' 운영을 시작했습니다.

보수적이기로 소문난 롯데까지도 세계 최대의 온라인 식료품 회사인 영국의 오카도Ocado와 동맹을 맺어 2025년에 부산 강서구 미음동에 식료품 전용 물류센터를 운영할 예정입니다. 2023년 2월 4일자 《매일경제》 보도에 따르면, 이 물류센터는 1조 원을 투자해 창고 내 물류 공정의 60퍼센트를 로봇이 책임집니다. 로봇 한 대당

3.5명 분의 일을 하도록 창고를 설계해 신선식품 시장에서 우위를 확보하려고 시도하고 있습니다.

지금까지 쿠팡은 기존의 유통 업계와는 다른 파격으로 거침없이 상승세를 타고 있습니다. 그렇지만, 아마존이나 알리바바처럼 국내 이커머스 시장에서 50퍼센트 이상의 시장점유율을 차지하지 못하면 어느 순간 적자와 운영상 문제점 탓에 제대로 발목 잡힐 수 있습니다.

적자 문제는 이커머스 시장에서 압도적 지위를 갖게 되거나 신규 수익원을 발굴하면 해결할 수 있습니다. 쿠팡의 행보를 보면 물류의 자동화가 적자 문제를 해결할 수 있고 경쟁사를 압도할 수 있는 수단이라고 여기는 듯합니다. 실제로 총 3200억 원의 비용을 들여 2022년 3월에 공사를 완료한 대구물류센터의 사례를 보면, 쿠팡이 로봇과 무인 지게차 등의 장비를 운영해 물류 업무를 자동화하고 있습니다.

쿠팡이 운영하는 로봇을 보면 아마존이 개발한 선반 운반 로봇 키바와 여러 면에서 유사합니다. 키바와 마찬가지로 인공지능과 시각 기능을 갖춘 AGV^{Automatically Guided Vehice} 로봇이 물류센터 바닥의 바코드를 읽고, 출하 대상 화물이 놓인 선반을 찾아 작업자에게 가져다주면, 작업자는 자동 포장 설비에 화물을 올려 포장합니다. 그러면 해상도 높은 3차원 카메라와 스캐너를 장착한 로봇 팔이 화물을 분류해서 배송 차량에 실리는 데까지 채 10분도 걸리지 않습니다. 물류센터에서 운영하는 인공지능이 출하 화물을 실을 트럭

AGV 로봇

과 적재 위치까지 지정해주기 때문에 자동화 덕분에 생산성이 급
증하는 효과가 있습니다.

실제로 AGV 로봇의 힘으로 한 시간 만에 사람이 세 시간 동안
할 일을 처리할 수 있습니다. 포장의 경우 사람이 상자에 담고 송
장을 붙이려면 최소 5분이 걸리는데 자동 포장 기기는 최소 30초
면 끝낼 수 있다고 합니다. 쿠팡 관계자와 직원의 인터뷰 기사를
보면, 부담스러운 규모의 금액이긴 하지만 자동화 설비와 기술에
2020년에만 5000억 원이 넘는 비용을 투자할 만한 가치가 있다
고 볼 수 있습니다. 성급한 판단일 수 있지만 적자 문제를 해결할
수 있는 실마리를 찾은 것으로 보입니다.

이러한 투자도 중요합니다만, 앞서 언급한 사고 발생 시 대응, 골목 상권이나 쿠팡 입점 업체와의 공존처럼, 쿠팡은 자신들의 평판을 나쁘게 만들 문제를 더 심각하게 고민해야 합니다. 쿠팡은 규모가 커지면서 소상공인의 영역과 골목 상권을 침범한다는 비판을 받고 있습니다. 사업을 넓히다 보면 반드시 생기는 문제이니만큼, 확장과 상생을 얼마나 균형 있게 할 수 있을지가 관건입니다.

반대로 미봉책으로 일관하고 시간 끌기로 여론이 잠잠해지기만 기다린다면 하락세를 걷다가 다른 회사에 매각되거나 시장에서 퇴출당하는 최악의 운명을 맞이할 수도 있습니다.

설립한 지 15년도 안 되었는데 연간 20조 원이 넘는 매출을 올리면서 각종 혁신을 시도하는 기업은 어느 나라에서도 쉽게 나오지 않습니다. 쿠팡이 문제점을 고치고 성장을 계속할 수 있도록 건전한 비판과 응원이 있어야 합니다. 쿠팡 역시 신속하고 적극적으로 문제를 해결해야 고객과 쿠팡 모두가 만족할 만한 결과를 얻을 수 있을 것입니다.

척박함을 극복한 홋카이도 기업들

'교토 기업' 하면 전통 건축, 문화재 복원, 기모노 제작, 염색 관련 기업일 거라고 여깁니다. 교토 기업들은 실제로도 첨단 소재와 부품 제조사로 선단 경영을 하는 일본 대기업들과 다릅니다. 그런데 교토 기업들 말고도 자기 색깔이 확실한 기업들이 또 있습니다. 일본 최북단 홋카이도를 중심으로 활동하는 일명 '홋카이도 기업'들이 바로 그 주인공입니다.

홋카이도 기업들은 고효율과 저비용이 주무기입니다. 특히 물류에 남다른 경쟁력을 가진 유통업체가 많습니다.

이들 기업은 일본 경제의 성쇠와 관련이 깊습니다. 1988년부터 일본 경제에는 경고음이 울렸습니다. 그런데도 일본 내부에서는 낙관론이 쏟아졌습니다. 1990년대 이르러 '거품'이 꺼지자 부동산을 포함한 자산이 폭락하고 말았습니다. 거품 경제의 붕괴는 경제 규모가 작고 인프라도 취약한 홋카이도에 큰 고통을 안겼습니다. 홋카이도는 특히 제조업 비중이 25퍼센트를 조금 웃도는 제조업 취약 지역이라 내구력이 더 약했습니다.

이런 이유로 홋카이도는 기업인들에게는 '막막한 땅'입니다. 홋카이도는 면적이 한국의 85퍼센트 정도인데 인구는 528만 명밖에 안 됩니다. 일본 영토의 22퍼센트를 차지하는 섬이지만 연간소득은 일본 전체 평균의 70퍼센트 수준입니다. 구매력이 떨어지고 인구밀도가 낮아 규모의 경제를 실현하기 어려운 곳입니다.

인구는 주로 삿포로, 아사히카와, 하코다테 등 대도시에 집중되었습니다. 그 밖의 지역은 기반 시설은 물론 운송 인프라나 공급망 등 물류 관련 체계도 미비합니다. 홋카이도의 화물 운송비가 다른 지역보다 높은 것은 이 때문입니다. 또 홋카이도에서는 할증료 명목으로 운송비를 더 내면서도 물건을 받는 시간은 더 걸립니다. 비용과 불편함이라는 이중고를 겪어야 하는 지역입니다.

그런데 뒤집어 생각하면 홋카이도에서 성공한 기업은 어디서든 성공할 수 있다는 의미이기도 합니다. 홋카이도에서 성공한 기업은 홋카이도에 기반을 둔 생필품 유통 전문업체들입니다. 경영 환경이 열악해서 효율성 제고를 위한 혁신과 소비자 요구에 대응하기 위한 노력에 항상 집중합니다.

홋카이도는 경쟁력을 갖춘 거래처나 협력사를 발굴하기 어려운 곳이어서 모든 경영 활동을 자체 해결하는 '내재화'를 추구한다는 유사점이 있습니다. 그러다 보니 비용 절감과 품질 향상을 위해 필요한 게 무엇인지 잘 알 수 있었고, 문제 발생 가능성을 미리 파악해 능동적으로 대응할 수 있는 노하우도 쌓았습니다.

일례로, 1967년에 설립한 가구 소매 전문점 니토리 홀딩스는 창업 초기인 1972년에 낮은 가격으로 제품을 판매한다는 정책을 내세워 소비자의 시선을 끄는 데 성공합니다. 그런데 품질 문제가 불거지자 창업주 니토리 아키오似鳥昭雄 회장이 해외까지 찾아가 싼 가격에 가구를 사서 파는 대신 1984년부터 자체 생산을 통한 품질 확보를 추구합니다. 초기에는 가격만 맞으면 여기저기서 사들였기 때문에 거래처마다 품질이 달랐고 품질 표준화가 어려웠습니다. 싸게 팔면 소비자들은 계속 사겠지만 그 전략은 한계에 이를 것이 분명합니다. 이 점을 알았기에 니토리 홀딩스는 제품 품질 향상을 위한 단계로 나아갔습니다.

니토리 홀딩스는 일본 최초로 가구 제작에서 판매는 물론 배송까지 자체적으로 수행했습니다. 아키오 회장은 경제 발전으로 일본도 집을 꾸미려는 욕구와 실내 인테리어 제품에 대한 수요 증가를 예측해서 홈퍼니싱 업체로 사업 영역을 확장해 경쟁력을 높였습니다. 자라나 유니클로 같은 패스트브랜드 업체처럼 제품 기획에서 판매까지 모두 니토리 홀딩스가 함으로써 신사업을 개척할 때 경쟁력 제고와 비용 절감을 실현했습니다.

이어 물류 효율화에도 나섭니다. 원활한 업무를 위해서는 물류가 효율적이어야 한다는 점을 알고 있었던 겁니다. 물류 효율화로

삿포로에 위치한 니토리 홀딩스 본사 ©禁樹なずな

원부자재 조달과 재고 관리의 낭비 요소를 줄이면 원가를 절감할 수 있습니다. 예를 들어, 급하지 않은 원부자재를 비행기로 운송하면 해상 운송보다 물류비가 증가합니다. 도착한 뒤에는 창고 보관 기간이 늘어납니다. 비싼 돈 들여 실어온 원부자재를 창고에 오래 두면 그만큼 운송비와 재고관리비가 늘어 제품 가격이 오릅니다. 구매 담당자나 생산관리자야 원부자재를 빨리 들여와서 문제가 생겼을 때를 대비해 재고를 쌓아놓으니 행복할 테지만, 회사 전체적으로 보면 비효율적입니다. 다른 과정에서 비용을 절감해도 물류에서 생돈이 깨지는 꼴입니다.

이 문제를 간파한 니토리는 물류비 절감과 효율성 제고를 위해

'전체 최적화'의 중요성을 강조해 일본 최초로 '무인' 물류창고를 운영합니다. 특정 분야의 비용을 절감하려다 보면 전체적으로 손해 보는 경우가 발생하기에 이를 막기 위해 전체 최적화를 강조한 것입니다.

2014년에 출시한 니토리의 '싱글 매트리스'는 제품 상자에서 꺼내기만 하면 한 명이 누울 수 있는 크기로 부풀어 오르도록 가로세로가 각각 28센티미터 높이가 103센티미터인 상자에 압축해서 포장했습니다. 포장비가 늘었지만 기존 포장 방식과 비교했을 때 동일한 컨테이너에 6.7배 가까이 더 적재할 수 있어 물류비를 기존 대비 15퍼센트 수준으로 줄였습니다.

'버틀러butler'라는 로봇도 창고에 투입합니다. 비용을 줄이는 동시에 정확성과 효율성을 높이기 위함이었습니다. 물류창고에서 로봇이 작업하면 높은 곳의 화물 피킹과 중량물 운반을 쉽게 할 수 있고, 오출하 등 실수도 줄일 수 있습니다.

2019년에는 물류 자회사인 홈로지스틱스를 설립해서 물류 역량을 강화합니다. 온라인 판매가 늘어날 것으로 예상해서 온라인 주문량 증가에 대비해 서버 용량을 확장합니다. 고객의 소비가 온라인으로 옮겨갈 것이라고 예상한 니토리의 선제 조치는 2020년 코로나19 사태 때 오프라인 매출이 2019년보다 40퍼센트 감소한 타격을 온라인 매출로 만회하면서 빛을 발했습니다.

혁신을 계속한 니토리 홀딩스는 2018년부터 2021년까지 매출액과 영업이익률이 매년 5퍼센트 이상 성장했습니다. 2021년 영업이익은 전년 대비 28.1퍼센트나 증가했습니다. 1987년 이래로 34년 동안 계속된 성장세에 힘입어 니토리 홀딩스는 2021년 기준 7조 5000억 원의 매출과 1조 4000억 원의 영업이익을 기록했습니다. 이케아^{Ikea}의 매출액 57조 원에는 상대가 안 되지만 영업이익률은 최근 3~4년 사이 17퍼센트에 가까운 실적을 기록했습니다.

한국전자정보통신산업진흥회^{KEA} 조사분석센터가 작성한 〈韓日 전자, IT 산업 투자 및 경영 현황〉 자료에는 일본 제조업체의 평균 영업이익률이 나옵니다. 1960년대에는 7.5퍼센트였고 2000년대에는 3.5퍼센트 미만인 점을 감안하면, 니토리 홀딩스가 얼마나 장사를 잘하고 효율적으로 운영하는지 알 수 있습니다. 니토리 홀딩스는 홋카이도 기업의 장점인 비용 절감 능력과 효율적인 물류 체계를 앞세워 '일본의 이케아'라는 극찬을 받는 기업으로 성장할 수 있었습니다.

또 하나의 홋카이도 기업인 세이코마트^{Seico Mart}는 홋카이도 최대의 편의점 기업입니다. 세븐일레븐보다 3년 앞선 1971년에 삿포로에 1호점을 개점했지만, 타 지역에는 출점을 거의 하지 않고 있습니다. 총 1173개 세이코마트 가운데 홋카이도 이외 지역에 위치한 점포는 92개로 세이코마트가 철저하게 홋카이도 시장을 경영 목표로 세운 기업임을 알 수 있습니다.

일본에서 '세코마'라는 애칭으로 불리는 세이코마트는 니토리 홀딩스와 마찬가지로 제품 구매와 조달, 물류, 판매까지 자체 진행

	2018. 2	2019. 2	2020. 2	2021. 2	2022. 2
매출액(억 원)	60,066	63,854,	67,439	75,275	91,728
영업이익(억 원)	9,805	10,582	11,285	14,457	15,110
순이익(억 원)	6,743	7,159	7,496	9,672	10,353
영업이익률(%)	16.3	16.6	16.7	19.2	16.5
순이익률(%)	11.2	11.2	11.1	12.8	11.3
매출액성장률(%)	-	6.3	5.6	11.6	21.9
영업이익성장률(%)	-	7.9	6.6	28.1	4.5

※환율: 1,050원 적용
※2022년 회사 예상 실적/ 회사 IR 발표 자료

[니토리 홀딩스 성장 실적]

하는 일체형 운영 시스템을 유지하는 회사입니다. 척박한 경영 환경에 대응하기 위함입니다. 세이코마트는 일체형 운영 시스템을 구축하기 위해 산에이제과 등 홋카이도에 있는 식료품 회사를 자회사로 편입해 운영하고 있습니다. 또 홋카이도의 자사 농장에서 생산한 채소를 세이코마트에 공급합니다. 무엇보다 동일 그룹 소속이라 의사 결정과 진행 속도가 빠르고 요청 사항이 신속하게 반영됩니다. 물류 역시 동일 운영 체계와 협력사를 이용해 효율성을 유지할 수 있습니다.

그 밖에도 세이코마트는 창고 시스템을 개선해 효율적인 관리

홋카이도에 있는 세이코마트 ©Mukasora

체계를 구축하고 있습니다. 특히, 세이코마트의 물류 자회사 세이코 프레시푸드의 삿포로 배송센터는 2011년 신규 시스템을 도입했습니다. 이를 통해 입출고 상품의 종류, 수량, 식품 유효기간 등을 바코드로 인식해 상품 하역 여부와 재고 등 세밀한 부분까지 파악합니다. 상품의 재고를 일정 수준으로 유지할 수 있도록 보충 상품을 자동 주문하는 발주 시스템을 2013년부터 운영하면서 수요에 대응할 수 있는 공급망 운영에 노력하고 있습니다.

추가로 트럭 위치를 실시간으로 파악하고, 최적 운송 경로 계산 시스템을 운영해 비용 절감과 운행 시간 단축을 통한 차량 회전율 증대로 운송 효율성 제고를 꾀하고 있습니다. 세이코마트의 물류 경쟁력 강화를 위해 트럭들이 배송을 마치고 귀환할 때는 귀환 경로에 있는 공장의 제품을 인수해 배송센터로 돌아오게 합니다. 직영 공장 제품을 배송센터로 돌아오는 차에 실으면 배차 업무를 줄이고 배송과 제품 인수 차량을 따로 운영하지 않아 물류비를 아끼고 차량 적재율과 가동률을 높일 수 있습니다.

이처럼 세이코마트는 직영 체제와 물류 내재화로 경쟁력을 유지하고 있습니다. 또한, 음식을 즉석에서 만들어 판매하기 때문에 신선도와 맛은 세이코마트가 독보적입니다. 게다가 산간 오지처럼 채산성이 맞지 않을 곳에도 세이코마트가 있습니다. 그만큼 홋카이도 편의점 분야에서 시장 지배력을 확고히 하고 있습니다.

자신의 강점을 살려 운영한 덕분에 세이코마트는 2020년에 일본의 편의점 부문 고객 만족도 조사에서 5년 연속 1위를 차지하며 실력 있는 강소 기업임을 증명했습니다.

니토리 홀딩스와 세이코마트 외의 다른 홋카이도 기업도 비용 절감과 물류에서의 강점을 내세워 경쟁력을 유지하고 있습니다. 경영 환경이 척박한 홋카이도에서는 저비용 정책과 물류 경쟁력이 없으면 생존하기 어렵습니다. 실제로 홋카이도 기업들은 일본 경제가 침체한 1990년대 후반부터 2020년까지 업체별 매출이 20~35배까지 늘었습니다. 물론 쇠퇴하거나 도산하는 회사도 나올 것입니다. 하지만 홋카이도 기업들은 치열한 경쟁을 뚫고 승리한 기업들이라 큰 실수를 저지르지 않는 한 계속 성장할 것입니다.

북한판 쿠팡 연운회사와 써비차

1970년대 후반에서 1980년대 초 한국에서는 지게를 지고 화물을 운반하는 사람들이 있었습니다. 지금은 한국에서 볼 수 없지만, 북한에서는 성행하는 직업 가운데 하나라고 합니다. 과거 지게꾼으로 불린 지게운송인은 북한에도 자본주의가 싹트고 있음을 보여주는 상징인 듯합니다.

북한 물류의 변화는 '써비차'와 물류 종합 기업 '연운회사'에서 찾아볼 수 있습니다. 써비차는 '서비스'와 '차'를 합한 말입니다. 개인이 운행하는 차량으로 화물을 운송하는 서비스를 의미하며 '벌이차'라고도 부릅니다.

1994년 북한에서는 김일성이 사망한 뒤 물자 부족으로 운송망이 마비되어 배급이 중단되는 등 '고난의 행군'이 시작되었습니다.

외화 보유 기관과 기업은 연료를 수입해서 운송을 대행해 돈을 벌었습니다. 이후 장마당이 커지고 중국산 물품이 북한에 들어오자 화물차 수요 또한 늘었습니다. 물류 산업의 싹이 트기 시작한 것이지요. 이런 시대적 배경 속에서 탄생한 써비차는 개인이나 기업 물류를 지원하기 위한 용도입니다.

써비차는 크게 두 가지로 구분합니다.

첫째, 국영기업이나 정부 기관이 보유한 업무용 차량입니다. 일종의 '관용' 써비차로 볼 수 있습니다. 이 차량으로 자신들의 승객과 화물 수송 수요를 감당하는 동시에, 다른 기업이나 일반인의 수송 수요를 충족시켜주고 돈을 법니다.

둘째, 개인 차량이지만 정부 기관이나 국영기업에 소속된 차량입니다. 사유재산을 허용하지 않는 북한에서 개인이 차량을 돈벌이에 동원하거나 타인을 고용하면 불법입니다. 그렇지만 고난의 행군 이후 배급제가 무너진 데다 돈 맛을 본 북한 주민과 기업은 국가기관의 비호 아래 비사회주의적 돈벌이를 하기 시작했습니다. '돈주'는 수익의 일부를 내는 조건으로 자신이 보유한 차량을 국가기관 차량으로 등록합니다. 이 차량으로 화물과 승객을 운송해 돈을 법니다.

고난의 행군 시기에는 북한의 인프라가 망가지긴 했습니다. 그렇다고 해도 엄연히 국가인 데다 국가 소유 차량이 있을 터이니, '써비차의 역할이 얼마나 클까?' 하는 의문이 들 수 있습니다.

원래 북한은 철도가 주된 운송 수단이고 차량은 보조적 수단입

써비차로 사용되는 트럭 ⓒstephan

니다. 김일성 때부터 자립적 민족 경제를 건설한다는 명목 아래 석
유 사용을 최대한 억제하다 보니, 철도에 대한 수송 의존도가 높아
졌습니다. 차량 운송도 존재하지만, 직장과 거주지가 인접하도록
도시를 설계하고 차량은 주로 30킬로미터 이내 단거리 운송 수단
으로 동원했기 때문에 장거리 차량 운송 체계는 낙후되었습니다.
즉, 국영 차량은 장거리 운송에 대응할 준비가 안 되어 있었습니다.
그러니 싫으나 좋으나 전체 화물 운송의 90퍼센트와 여객 운송의
60퍼센트를 철도에 의존해야 했습니다. 계획경제가 잘 돌아가던
때는 철도가 그나마 제기능을 했습니다. 하지만 고난의 행군 기간
동안에는 철도 관리가 되지 않아 써비차가 등장한 것입니다.

이런 배경에서 등장한 써비차는 화물과 승객의 주요 운송 수단으로 자리를 잡았습니다. 써비차 시장이 커지고 화물과 승객 운송 수요가 커지면서 중국과 일본에서 들여온 차량을 확보한 써비차 업자들은 도시 간 이동을 원하는 화물과 승객을 대상으로 영업을 개시합니다.

2010년대에는 유통 중심지인 평안남도 평성에서 북한의 3대 항구이자 함경북도 도청 소재지인 청진까지 700킬로미터 구간을 운행하는 장거리 버스도 등장했다고 합니다. 철도망이 부실한 북한에서 대안으로 등장한 '시외버스'는 그 중요성을 인정받아 신의주, 함흥, 청진 같은 주요 도시를 연결하는 교통수단으로 자리매김했습니다. 승객만 실어나르는 것이 아니라 화물을 운송하는 장거리 택배 업무도 겸하고 있습니다. 단, 사유재산을 허용하지 않는 북한 체제 특성상 정부 기관이나 국영기업 소속 차량으로 등록해서 운행을 해야 합니다. 그래도 북한 정권의 입장에서는 차를 사고 운행을 위한 정비를 하는 등의 투자와 관리를 하지 않아도 교통망을 유지하는 동시에 버스를 운행하는 업자에게 수익 일부를 상납받으니 '땅 짚고 헤엄치기' 식으로 남는 장사입니다.

그런데, 최근 개인 업자가 운영하는 버스 운행 서비스 사업에 북한 국영 버스가 뛰어드는 이례적인 일이 벌어졌습니다. 달랑 50인승 버스 세 대이긴 해도 2022년 11월부터 북한 순천역부터 순천시에 위치한 주요 공장과 산업단지를 오가는 노선을 운행합니다. 평양이나 도소재지 등 주요 도시가 아닌 지방 도시에 국영 버스 노선이 들어선 것이지요. 평양버스공장에서 생산한 버스를 운영하는데, 국영 버스 노선이 있는 지방 도시는 평안남도에서 순천 외에는 없다고 합니다. 인산비료와 시멘트 공장을 비롯해 북한 정권이 자립 경제 노선을 가는 데 있어 필요한 공장이 순천에 많기 때문에 순천이 지방 도시임에도 불구하고 국영 버스 노선을 투입한 것이라고 합니다. 재원이 고갈된 북한 정권이 국영 버스 노선을 통해 자금을 마련하려는 것일 수도 있습니다. 민간에서 서비스하는 써비차 요금을 보고는 버스 노선으로 시작해서 트럭 운송까지 국영으로 운영하면 돈벌이가 될 거라고 판단했을 겁니다.

실제로 북한에서는 써비차 요금이 비쌉니다. 《한겨레》의 〈시장화 바람 타고…평양에 택시·'써비차' 달린다〉와 《데일리엔케이》의 〈한때 성했던 '써비차' 코로나로 쇠퇴기… "사업자 50% 이상 줄어"〉에서는 북한 운송 수단의 요금 체계를 알 수 있습니다. 북한에서 대형 트럭은 요금이 킬로미터당 1.75달러에서 2.5달러 수준입니다. 평성에서 청진까지 10톤 트럭 운송비가 1000달러로 기차와 비교가 안 될 만큼 비쌉니다. 평양의 택시 기본요금은 2달러인데, 북한의 환율^(시장환율)을 따져보면 이 돈으로 무궤도전차를 3200번 탈 수 있습니다. 또 500미터를 갈 때마다 49센트씩 추가 요금이 붙으니, 어지간한 사람은 엄두도 못 낼 만큼 비쌉니다. 트럭 요금은 시세가 있긴 해도 정해진 운임이 없이 트럭 적재량이나 소속 기관에 따라 차이가 납니다. 화물 운송 의뢰인이나 승객의 협상력 또는 수요공급이 요금에 영향을 미치는 듯합니다.

그래도 투자한 만큼 이익률이 크기 때문에 비싸도 써비차를 이용한 화물 운송을 선호할 것입니다. 거기다 기차에 비하면 '초고속'이어서 비싼 운송료를 감수할 수 있습니다. 시간을 아낄수록, 화물 운송 속도가 빠를수록 돈을 벌 수 있다는 점을 북한 사람들이 깨달았기 때문입니다.

그런데 북한 내부적으로는 부실한 국영 운송 수단 '덕분'에 써비차 사업이 돈벌이가 된다는 소문이 퍼졌고 경쟁이 치열해졌습니다. 외부적으로는 국제사회의 경제 제재가 심해지자 공급 과잉이 생겼고, 코로나 방역으로 국경을 봉쇄하자 경제가 제대로 내리막길을 탔습니다. 상황이 어려워지자, 현재 써비차 차량 소유주들은 사업을 중단했고 써비차 인력들은 전업했다고 합니다.

비록 써비차 사업이 예전 같지 않지만 시장 등 사경제가 존재하고 교역이 활발해지면 써비차는 다시 성장할 것입니다. 다만, 북한의 국영 버스와 마찬가지로 트럭 운송도 국영 서비스가 제공된다면 써비차 시장에도 큰 변화가 일어날 것입니다.

북한 물류의 다른 특징은 종합 물류 기업인 '연운회사'가 등장했다는 점입니다. 쿠팡 같은 혁신성과 첨단 기술은 없지만, '북한의 쿠팡'이라고 할 만큼 북한에서는 그야말로 파격적입니다.

연운회사는 북한의 국내외 무역을 총괄하는 내각 행정기관인 대외경제성 소속 종합 수송 회사입니다. 북한 내 물류는 물론이고 대외무역에서도 중요한 역할을 하고 있습니다. 《브레이크뉴스》의 〈

북한 국가경제발전 5개년 계획 밑그림과 운송회사인 연운(連運)회사 분석〉이란 기사에 따르면, 연운회사는 본사가 위치한 평양에 트럭 500대를 포함해 총 700~800대의 트럭을 보유한 전국구 기업입니다. 연운회사 트럭들은 북한 국내외 물자 수송의 50~60퍼센트를 전담하며 취급 품목도 한국 물류 기업보다 다양하면 다양했지 덜하지 않습니다. LPG, 차량용 연료, 설탕, 조미료 등 생필품을 중국에서 수입해서 운송하는 건 기본입니다. 그 밖에도 대외 수출품을 취급해 앙골라, 시리아, 이란 등 북한과 친분이 두터운 국가에 대한 무기 수출에까지 관여하고 있습니다. 한마디로 북한 국내외 물류의 첨병으로 활약 중입니다.

게다가 민간 화물 운송도 관여합니다. 특이하게도 연운회사가 맡은 주요 운송 구간의 민간 화물 운송 비중이 국영기업이나 국가 기관의 화물 운송 비중보다 네 배 더 많다고 합니다. 북한의 민간 경제 비중이 높은 동시에 민간 분야의 화물운임이 더 높기 때문이라고 볼 수 있습니다. 힘이 있는 국영기업이 국정가로 해달라고 우기면 연운회사도 마냥 무시할 수는 없을 테니, 민간 화물을 더 선호할 듯합니다. 어지간히 규모가 있는 기업이나 기관이라면 자체 보유 차량이 있으니 대규모 화물 운송이 아닌 이상 연운회사의 차량을 이용하는 경우가 상대적으로 적은 것도 그 까닭입니다.

재미있는 점은 연운회사의 주력 운송 품목이 운송 구간별로 다르다는 것입니다. 가장 많이 운송하는 주력 품목을 콕 집어서 말하기는 어렵습니다. 트럭 보유 대수가 각각 1, 2위로 주요 물류 거점인 평양과 신의주 구간을 예로 들 수 있습니다. 이 구간은 중국 단둥과도 연결된 경로인 까닭에 수송 규모도 크고 품목도 그만큼 다양합니다. 평양에서 신의주로 반출하는 화물은 광물, 농수산물 같은 1차 산업 제품과 가발이나 의류 등 수출 임가공품입니다. 반대로 신의주에서 평양으로 운송하는 물품은 건축 자재를 비롯해 중국산 차량 연료와 LPG, 전자제품과 화장품, 조미료와 설탕 등 각종 생필품입니다. 일일운송대수는 15~30대로 평양과 신의주를 오가는 전체 차량의 일일운송대수 가운데 30~40퍼센트 비중을 차지합니다.

평양에서 가장 가까운 남포도 주요 운송 구간입니다.《브레이크뉴스》의 같은 기사에 따르면, 매일 열 대 정도의 연운회사 트럭이 두 도시를 오가며 물자를 운송합니다. 이는 해당 구간의 일일운송대수 가운데 33퍼센트의 비중입니다. 외화벌이의 효자 품목인 무기와 석탄도 취급합니다. 평양 – 남포 구간은 수출품 운송 구간이기 때문에 무기나 광물을 취급한다는 점에서 다른 구간과 차이가 있습니다. 그러나 경제 제재와 코로나19 사태 탓에 국경이 봉쇄되어 최근 일일운송대수는 하나마나 한 수준으로 줄었을 것으로 보입니다.

이와 달리 평양의 관문이자 유통 중심지인 평남 평성 – 평양 구간은 하루 열다섯 대의 연운회사 트럭이 왕래합니다. 이는 전체 일일운송대수의 38퍼센트를 차지합니다. 이 구간으로는 평양 시민을 위한 식료품과 중국산 생필품, 임가공 수출 의류용 원단을 운송

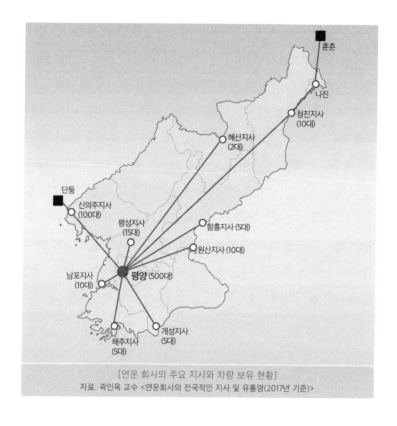

[연운 회사의 주요 지사와 차량 보유 현황]
자료: 곽인옥 교수 <연운회사의 전국적인 지사 및 유통망(2017년 기준)>

한다고 합니다. 거꾸로, 평양에서는 차량용 유류 제품과 담배 등 기호품 그리고 생활필수품과 식료품을 평성으로 운송합니다.

그런데 연운회사의 차량이동현황을 보면 중국과의 교역 때문인지 주로 신의주, 남포, 평성 등 서부 지역 거점의 차량 보유량이 함흥, 원산, 청진 등 동부 지역 차량 보유량에 비해 스물세 배 이상 많다는 사실을 알 수 있습니다. 북한을 통해 한국의 수출 화물이 시베리아횡단철도를 이용할 수 있게 된다면 중장기적으로는 평양 동북부의 도시들도 교역량이 늘어 북한 자체 물동량도 증가할 것입니다. 따라서 연운회사가 동북부 지역에 보유한 차량 보유량도 늘면서 거점 도시들도 활기를 띠게 될 것입니다.

북한은 폐쇄적인 고립 국가이지만 최소한의 교역은 해야 합니다. 시장의 존재를 받아들일 수밖에 없기도 하거니와 사람과 물자의 이동을 허용할 수밖에 없습니다. 그런 만큼 교역 활성화를 뒷받침하는 기업이나 국가기관은 필수적입니다. 연운회사라는 종합 물류 기업이 등장할 수밖에 없는 이유이기도 합니다. 앞으로 차츰 대외 교역량이 증가하면 연운회사 말고도 규모가 큰 종합 물류 기업이 등장할 것입니다.

잠깐!) 지명과 물류

한국에는 항구와 관련된 지명이 몇 가지 있습니다. 크기가 작은 순으로 '진津, 포浦, 항港'이란 이름을 붙입니다. 지명으로도 크기와 기능을 대략 알 수 있습니다. '노량진'처럼 '진'이라고 불린 곳은 작은 나루터입니다. '마포'처럼 '포'라고 하는 곳은 어선이나 무역선이 드나드는 중형 항구입니다. '인천항'처럼 지명에 '항'이 붙은 곳은 큰 배가 드나드는 무역 거점입니다.

'역驛', '원院'이라고 부르는 지역은 조선 시대 때 국영 숙박 시설이나 파발마 관리 시설이 있었습니다. 그래서 '조치원', '이태원' 등지에는 관리에게 숙식을 제공하는 '원'이 있었습니다. '원'의 상위 조직인 '역'은 중앙의 명령을 지방에 전하기 위한 교통·통신 시설로 조선 시대에는 500개 이상의 '역'이 진상품 운송과, 말과 수송 장비 관리를 맡았습니다. 또한, 관리는 '마패'를 '역'에 보이고 말을 사용할 수 있었고, '역'의 객관에서 숙박을 해결했습니다.

마패 ©국립중앙박물관

패스트브랜드와 물류

인간이 살아가는 데에는 의식주가 필요합니다. 이 가운데 옷은 가장 먼저 언급할 정도로 중요한 요소입니다. 추위와 바람을 막아주며 인간의 품위를 유지할 수 있게 해주는 옷도 물류의 발달로 'SPA브랜드'라는 형태로 유통되고 판매됩니다.

SPA브랜드는 일명 '패스트패션브랜드' 또는 '패스트브랜드'라고도 부릅니다. 일반적으로 SPA브랜드와 패스트브랜드를 같은 의미로 생각하지만, SPA브랜드는 'Specialty store retailer of Private Label Apparel'의 약어로, 특정 의류업체가 직접 기획해서 생산한 자사 상표 부착 의류와 의류 관련 제품을 자사 매장에서 판매하는 형태를 의미합니다.

SPA업체는 가성비가 뛰어난 옷을 원하는 소비자의 기호에 맞추기 위해 제품 기획에서 생산과 판매에 이르기까지의 과정을 자체적으로 일괄 처리하는 점이 특징입니다.

반면, 패스트브랜드는 빠른 유행과 소비자의 기호를 디자인에 신속하게 반영한 제품을 생산해서 판매하는 SPA브랜드의 '운영 방식'입니다. 이 책에서는 패스트패션 업체를 의미하는 패스트브랜드란 명칭이 더 많이 쓰이는 관계로 명칭을 패스트브랜드로 통일해서 설명합니다.

유통망을 줄여 시간과 비용을 절감하는 패스트패션으로 유명해진 의류업체 가운데 대표적으로 스페인 브랜드인 '자라'를 들 수 있습니다. 저는 처음에 패스트브랜드가 저렴한 재료로 대량 생산해서 몇 번 입다 버리는 '저품질 의류'라고만 생각했습니다. 그런데 패스트브랜드 제품의 품질이 최소 평균 수준은 되며 가성비 면에서 강점이 있음을 알게 되었습니다. 물론 가격만 보는 제품도 있지만 이런 경우에는 대부분 단명합니다.

유니클로는 물론이고 자라나 코스 같은 업체를 패스트브랜드라고 부르는 것은, 짧은 유행 기간 동안 그 유행에 맞춰 팔리도록 신속하게 의류를 생산해 판매하기 때문입니다. 따라서, 짧은 기간 동안 많이 팔면서 고객의 다양한 수요에 대응하기 위해 원부자재 조달과 제품 기획은 물론 품질 관리와 제조, 유통까지 자체 대응을 합니다. 간혹 협력사에 생산을 의뢰하더라도 기술 지도 등 밀접한 협력 체계를 구축합니다.

이렇게 의류가 소비자에게 전달되기까지의 모든 과정을 한 회사가 처리하는 것은 유통 경로를 최대한 줄여서 시간과 비용을 아껴 경쟁력 우위를 확보하기 위함입니다. 일반 의류업체가 제품을 기획해서 출시하고 판매까지 하려면, 시간이 적어도 6개월 이상 필요합니다. 즉, 최소 6개월 전에 원부자재를 구매하고 제품 출시 전까지 상품을 재고로 가지고 있어야 합니다. 그러면 당연히 자금 회전율이 떨어집니다. 거기다 트렌드 예측이 틀리면 손해를 볼 수 있습니다. 어지간한 의류업체라면 오랜 경험과 자료 축적을 통해 트렌드 예측이 터무니없이 틀리지는 않겠지만, 예측이 틀리면 제품은 애물단지가 되고 맙니다. 기껏 투자한 자금은 '악성 재고'로 변한 제품 탓에 회수가 제대로 될 리가 없습니다. 그런 데다 재고관리비만 늘어 이래저래 생돈이 깨지는 상황에 처하게 됩니다. 결국, 재정 상태가 나빠져서 재료비라도 회수하기 위해 대폭 할인한 비용으로 제품을 판매해야 합니다. 상당수 업체는 눈물을 머금고 제품의 절반 이상을 헐값에 '땡처리'하기도 합니다.

이런 리스크를 극복하기 위해 패스트브랜드 업체들은 모든 과정을 자체 진행하는 일괄 체계를 구축하는 데 노력을 기울여왔습니다. 또한, 공급망의 각 단계별로 이뤄지는 모든 과정을 통합 관리해 생산 일정과 재고 여부 등 정보를 신속하게 파악합니다. 그리고 판매와 재고 현황 등 공급망의 각 단계별 정보에 기반하여 특정 제품의 고객 수요 증감은 물론, 디자인 변경 요구에 빠르게 대처할 수 있습니다.

물론, 같은 패스트브랜드라 해도 재고 관리나

물류를 포함한 공급망관리 면에서 방향성이 다를 수 있습니다. 그렇지만 패스트브랜드들은 기본적으로 제품 가격을 낮추기 위해 원가 절감과 유통 시간 단축에 초점을 두고 있습니다.

세계에는 의외로 많은 패스트브랜드가 있습니다. 이들 가운데 가장 유명하고 물류 체계와 공급망이 우수한 스페인의 자라도 있고, 반대로 몰락해버린 포에버21도 있습니다. 이 두 업체의 사례로 물류와 공급망이 패스트브랜드의 경쟁력에 미치는 영향을 살펴보겠습니다.

패스트브랜드의 선두 주자 자라

    스페인의 대표 의류 브랜드인 자라^{ZARA}는 인디텍스 그룹^{Inditex Group}의 패스트브랜드입니다. 자라는 그룹 매출의 70퍼센트를 차지합니다. 영국 일간지 《가디언^{The Guidian}》에는, 스페인에 투자하는 투자자들이 인디텍스의 주식을 안전한 투자처로 여기게 된 건 인디텍스의 국제적 영향력과 고객에 대한 폭넓은 침투력 그리고 사업 모델의 고효율성 때문이라는 기사가 실린 적이 있습니다. 인디텍스 그룹이 이런 극찬을 받을 수 있었던 건 자라가 상당 부분 기여를 했기 때문입니다.

    자라의 경쟁력은 신속한 제품 유통과 신제품의 짧은 출고 주기, 낮은 제품 가격과 소비자 수요를 생산에 실시간 반영한다는 점에서 나옵니다. 이들 장점은 디자인과 제조 등 모든 과정을 자라 내부에서 일괄 관리하는 운영 체계와 치밀한 공급망의 지원으로 유지됩니다.

자라의 공급망은 오르테가 회장의 어릴 적 경험에서 시작되었습니다.《다양성과 스피드로 세계를 제패한 자라 성공 스토리*The Man From ZARA*》(코바돈가 오서 지음, 공민희 옮김, 더난출판사, 2013)라는 책에 따르면, 철도원의 아들이었던 오르테가 회장은 집안 형편 탓에 열세 살 때부터 작은 가게의 보조 직원으로 일했습니다. 열네 살 때 아버지를 따라 라코루냐로 이사한 오르테가는 셔츠 전문점인 갈라에 취직해 의류 제작 기술을 배웠습니다. 그런데 그는 자신이 일하는 가게는 싼 옷을 파는 작은 점포인데 원단 구매, 의류 제조와 판매까지 중개업자를 통해서 하고 있음을 발견했습니다. 중간 단계를 줄이면 비용을 줄일 수 있어 옷값을 낮출 수 있을뿐더러, 옷을 만들어 판매하기까지 걸리는 시간도 단축할 수 있다는 사실을 간파했습니다.

오르테가는 작은 의류 가게 직원으로 일하면서 자신이 사업할 때 필요한 경쟁력이 무엇인지 알아차린 것입니다. 훗날 자라가 물류에서 경쟁력을 갖추는 기반을 그곳에서 구상할 수 있었습니다.

갈라에서 혁신의 아이디어를 얻은 오르테가는 자신의 형과 누나의 직장이기도 한 라마자라는 업체의 업무보조 직원으로 근무하다가 생산 분야에서 일하게 됩니다. 라마자에서 업무가 바뀐 오르테가는 10년간 생산직으로 일하며 원단을 도매가격으로 확보할 수 있는 거래처 확보에 성공해 자신의 사업을 시작할 수 있는 기반을 쌓아 나갑니다.

그는 만 27세이던 1963년에는 '고아 콘펙시오네스^{Goa Confecciones(고아}^{의류)}'라는 브랜드를 내건 의류 상점을 개업합니다. 초기의 고아 콘펙시오네스는 여성용 퀼트 드레스를 제작해 도매상에 판매하는 소규모 업체였습니다. 제품 디자인과 원단 조달은 자신이 하고 영업은 형이, 재무관리는 누나가 하는 가족 경영 회사였습니다. 그는 합리적 가격으로 드레스를 유행에 맞게 만들어 판 덕에 개업 10년째인 1973년에 생산 인력만 500명이 넘을 만큼 번창합니다. 원단을 낮은 가격에 구매할 수 있었기 때문에 가성비가 우수한 제품을 만들 수 있었고 가격 경쟁력에서 우위를 점할 수 있어서 매출을 별 문제 없이 올릴 수 있었습니다.

오르테가는 사업 규모가 커지자 기존의 전략으로는 성장이 한계에 부딪힐 것이란 판단을 내립니다. 그는 별도의 디자인팀을 영입해 신속성과 전문성을 높였습니다. 동시에 원부자재 공급과 제품 유통을 담당할 회사들을 인수하면서 물류를 포함한 공급망에도 경쟁력 강화를 추구합니다.

어떤 기업이든 일정 궤도에 오르면 구조 전환이 필요합니다. 그래서 오르테가는 인수 합병을 통해 전문성을 갖춘 기업의 자원을 영입해서 의류 종합업체로 도약할 준비를 합니다.

고아라는 브랜드로 사업을 확장시킨 오르테가는 1975년에 스페인 북서부의 라코루냐라는 항구 도시에 '자라' 간판을 내건 소매점을 개업합니다. 세계적인 패스트브랜드 자라의 모기업인 인디텍스 그룹의 시작이었습니다.

인디텍스Initex

창립	1985년
창립자	아만시오 오르테가, 로살리아 메라
본사	스페인 라코루냐
CEO	파블로 이슬라
매장	96개국 7490곳
직원	16만 2450명
주요 브랜드	자라, 자라홈, 풀앤베어, 버쉬카, 마시모두띠, 스트라디바리우스, 오이쇼, 우테르퀘

※2018년 기준

[인디텍스 그룹 현황]

지금이야 자라가 패스트브랜드의 대명사라고 하지만 라코루냐에 1호점을 낸 초기만 해도 오르테가는 막막했을 것입니다. 신생 브랜드라서 지명도는 낮고 자금력은 약했습니다. 다른 업체와는 다른 차별성이 필요했습니다. 오르테가는 자라의 차별성을 '속도'에서 찾았습니다.

산업구조가 고도화하고 사람들의 취향이 다양해지면서 옷에 대한 수요 또한 제각각이었습니다. 또 유행 주기는 짧아지는 등 의류 산업에 큰 변화가 일어났습니다. 다품종 소량 생산이 더 적합한 시대가 된 것입니다. 이 점을 눈 여겨 본 오르테가는 신속한 정보 수집을 통해 의류 제조의 각 분야를 수직 통합함과 동시에 일본 도요타 자동차의 생산 방식인 JIT^{Just-In-Time}(재고를 두지 않고 필요할 때 제품을 공급하는 방식)를 참고했습니다. 고객 취향을 신속하게 반영한 디자인으로 옷을 생산한 것입니다.

오르테가는 고객 기호에 신속하게 대응하고 과다 재고를 줄이려는 데에 중점을 두고 있음을 알 수 있습니다. 패션 브랜드가 3년 이상 존속하기 어려운 이유 가운데 하나가 재고 관리 때문이라고 합니다. 고객 구매에 대응할 수 있고, 매장이 비어 보이지 않게 기본 재고를 가지고 있어야 하며, 제품을 판매하면 빈자리를 채워야 하기 때문에 일정 재고를 유지해야 합니다. 그런데 매장이 많고 클수록 필요한 재고가 늘어나서 비용도 증가합니다. 또 매장이 많아지면 희소 가치가 떨어지는 단점이 있습니다.

이런 점에서 자라는 변동에 대한 대응력을 늘이고 제품 기획에서 판매까지의 소요 시간을 최소화하려고 노력했습니다. 시즌 전 각 점포의 재고를 예산의 20퍼센트 내에서 관리하고 전체 제품의 15퍼센트만 할인 판매할 정도로 재고 관리에서 강점을 발휘해 성공할 수 있었습니다.

먼저 자라는 자신들의 강점을 극대화하기 위해 매장을 실시간 정보 수집 센터로 만들었습니다. 매장 직원에게는 전용 모바일 단말기가 지급되었고 매니저는 일주일에 두 번씩 매장 내 제품별 재고 수량 등 재고 현황에 대한 정보를 포함한 신규 발주를 의뢰합니다. 신규 발주 외에 자라 본사에 다른 정보도 전달합니다. 《시엘오 매거진_CLO Magazine_》의 〈SCM 혁신 없는 SPA도 없다〉 라는 기사에 따르면, 매장 스페셜리스트라는 '고객 동향 파악' 전담 직원이 매장에

온 고객의 옷 색깔과 종류, 모양을 실시간으로 자라 본사의 디자인 팀에 전합니다. 여기에 탈의실에서 고객이 입어보고 나서 두고 간 옷이 어떤 종류인지, 고객이 자주 문의하는 옷의 치수와 색상, 장식과 같이 소소한 정보도 실시간 보고 대상입니다.

물론, 매장 직원은 고객이 두고 간 옷을 정리하고 관련 정보도 입력해야 해서 번거로울 겁니다. 하지만 선호도가 낮은 옷은 디자인을 변경하거나 생산을 중단하는 등의 대책을 세워야 합니다. 선호도가 높은 옷은 바로 생산해서 해당 제품의 유행 기간 동안 더 많은 소비자가 구매할 수 있게 합니다. 그만큼 귀한 정보여서 그 가치가 큽니다.

매장에서 직원이 제공하는 고객의 차림새나 문의 사항 등 정보는 포스^{POS}처럼 기존의 시스템이 미처 파악하지 못하는 세심한 부분까지 반영하는 빅데이터급 자료입니다. 디자이너는 이 빅데이터를 토대로 의상을 디자인하고 시제품 초도본을 제작합니다. 색상과 질감 등 교정 작업을 거친 뒤 자라와 같은 인디텍스 그룹 계열사인 콤디텔^{Comditel}을 통해 구매한 원단으로 가공합니다. 작업 시작 몇 시간 뒤에는 시제품을 내놓습니다. 모델이 시험 착용까지 마친 시제품을 오르테가 회장의 결재를 거쳐 생산한 뒤 출하합니다.

이처럼 제품 구상에서 디자인을 거쳐 소비자에게 제품이 전달되기까지 걸리는 시간이 2~3주에 불과합니다. 디자인부터 원단 재단까지의 소요 시간이 3일, 재봉과 다림질 등 의류 제작에 걸리는 시간이 7일 정도입니다. 유통 기간이 짧기 때문에 고객 요구 사항

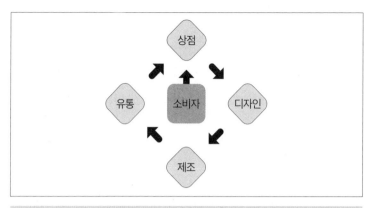

[인디텍스의 고객 정보 실시간 반영 경로]

을 신속하게 반영해 다양한 제품을 소량 생산할 수 있는 역량을 구축한 것입니다.

자라의 이런 시스템은 잘 팔리는 제품을 제대로 만들고, 디자인 역시 고객 기호를 신속하고 정확히 반영하는 데에 중점을 두고 있습니다. 다양한 제품을 생산하는 만큼 악성 재고를 줄이려면 그렇게 해야 하는 점을 잘 알고 있기 때문입니다.

자라는 또한 제품 유통 속도를 중시하기 때문에 디자인과 생산, 물류가 유기적으로 움직이도록 일을 진행합니다. 1000명 규모인 자라의 디자인팀은 남성, 여성, 아동 파트로 디자인센터가 나눕니다. 각 디자인센터를 별도의 구매와 생산 전담 부서가 지원합니다. 유관 부서들 사이에는 칸막이가 없고 같은 공간에서 함께 작업합니다.

자라의 속도 중시 정책은 '무조건 빨리'만을 외친 게 아닙니다. '빨리'가 성공할 수 있게 '공급망관리를 최적화'했기 때문에 성공할 수 있었습니다. 소비자 기호를 신속하게 디자인에 반영하고 시제품이 나올 수 있게 하는 자라의 시스템은 물류에서 그 위력을 제대로 발휘합니다.

의류 생산은 노동집약적이어서 저임금에 노동력이 풍부한 국가에서 주로 이뤄집니다. 그런데 자라는 주력 시장인 유럽과 '얼마나 가까운지'로 생산기지를 정합니다. 자라의 제품은 본사가 있는 라코루냐에 인접한 스페인, 포르투갈, 모로코, 튀르키예 등지에 있는 주력 공장에서 전체 생산량의 57퍼센트를 담당합니다. 동남아 지역이나 중국, 방글라데시 등 다른 의류업체가 선호하는 '값싼' 지역의 공장 비중은 43퍼센트입니다. 이들 공장의 생산품 역시 스페인 본사에서 품질 검사를 받습니다.

해외 생산품까지 스페인에서 품질 검사를 받게 하는 중앙집중화 정책이 시간과 물류비를 비롯한 각종 비용 측면에서 보면 비효율적일 수 있습니다. 하지만 전 과정을 일괄 관리하는 자라의 공급망 특성을 생각하면 품질 관리를 제대로 하려는 정책이 반영되어 있음을 알 수 있습니다.

그리고 자라는 의류 생산에 철저한 분업화를 추구합니다. 유럽과 북아프리카, 튀르키예의 공장은 빠른 출시가 필요한 옷이나 고부가가치 제품 생산과 염색이나 재단 같은 핵심 공정을 맡습니다. 스웨터나 면바지 등 유행을 덜 타는 제품 생산과 단순 작업은 외주

자라 물류센터 내부 모습 ©Inditex

의뢰합니다. 각지에서 생산된 뒤 스페인 공장에 모인 제품은 지하
모노레일에 실려 물류센터로 갑니다. 트랙 길이만 200킬로미터인
이 모노레일은 공장과 물류센터의 연결을 돕는 '메신저'입니다. 디
자인부터 판매까지 총괄하는 자라의 일괄 관리 경영의 상징과도
같은 시설입니다. 이렇게 사라고사와 마드리드에 있는 두 개의 주
력 물류센터에 집결한 제품은 자동 분류 설비의 지원을 받아 최종
목적지와 제품 종류를 기준으로 분류된 뒤 각지로 배송됩니다.

　자라의 제품 생산, 물류, 공급망관리 정책을 보면 소량을 발주해
재고를 최소화하고 매장에 도착한 제품이 바로 전시장에 진열되도
록 해서 판매까지 걸리는 시간을 최대한 줄이려고 합니다. 따라서,

스페인의 물류창고는 신속한 운송을 위해 분류와 환적 등을 수행하는 중계 기지이며 다리미질과 태그 부착 등이 가능한 작업장이기도 합니다.

지금까지 설명한 대로, 자라의 공급망관리 정책은 속도를 살린 시간 절감과 생산 관리의 유연성에 중점을 두고 있음을 보여줍니다. 자라의 속도 중시 정책과 고객 요구 조건을 바로 반영하는 유연성은 단순한 패스트브랜드로서가 아닌 '빠르고, 고객 요구 조건 반영이 정확한fast & accurate' 업체로서 다양한 제품을 생산할 수 있게 하는 원동력이 됩니다.

다품종 소량 생산과 속도 중시 운영 체제에 힘입어 자라는 1년에 1만 2000가지의 의류를 생산할 수 있습니다. 제품별로 다섯 가지 이상의 색상과 규격을 적용해 한 제품으로 스물다섯 가지 제품을 조합을 할 수 있습니다. 같은 제품이라도 스물다섯 가지 가운데 하나를 소비자가 택할 수 있다는 의미입니다. 이를 1만 2000가지 제품에 적용하면 대략 30만 가지 제품을 생산하는 셈입니다. 소비자 입장에서는 선택지가 넓다는 장점이 있습니다.

물론, 정교한 공급망과 제품 다양성에 비해 디자인 역량은 자라의 이름값에 걸맞는지 의문입니다. 무엇보다 자라의 디자인은 유행을 좇느라 '독창성이 없고 묻어간다'는 혹평을 받기도 합니다. 특정 디자이너 이름으로 내놓는 제품도 없습니다. 개성이 없고 유행만 따지는 기업이란 의미입니다. 하지만 소비자의 기호를 충실히 반영하는 점에서는 높은 평가를 받아야 합니다.

사실 자라뿐만 아니라 다른 패스트패션 브랜드도 디자인 독창성 문제에서 자유로울 수 없습니다. 이 문제로 자라만 비난하는 건 공평하지 못합니다. 패스트브랜드 업체의 큰 문제점은 노동자 처우와 환경 문제에 있습니다. 패스트브랜드 업체는 성장하지만 패스트브랜드 의류의 전체 판매 이익이 100원이라고 하면 이 가운데 겨우 3원 미만의 금액이 의류 생산 노동자에게 돌아갑니다. 또한, 유행이 짧아져서 얼마 안 입고 버리는 옷이 늘었습니다. 한 사람이 입고 버리는 옷이 연간 30킬로그램이나 되니, 그만큼 자원 낭비와 환경 오염에 직접적인 문제가 되고 있습니다. 한편으로는 소비자가 주머니 사정이 가벼워도 의류 구입 부담이 적어 다양한 옷을 살 수 있는 이유이기도 하니, 쉬운 문제는 아닙니다.

아무튼, 패스트브랜드의 등장은 물류가 발달했음을 보여줍니다. 소비자 기호에 맞는 제품을 유행에 처지지 않게 빨리 생산하고 배송해야 하기 때문에 공급망이 치밀해야 하고 실행 단계인 물류가 원활하게 움직여야 제품이 제때 매장에 도착할 수 있습니다. 즉, 물류가 발달하는 만큼 패스트브랜드 또한 소비자에게 저렴한 가격으로 빠른 시간에 제품을 원활하게 공급할 수 있습니다. 패스트브랜드 업체가 존재하는 한 경쟁력 확보를 위해 물류 혁신 사례가 계속 나올 것입니다. 그만큼 패스트브랜드의 물류는 빠른 속도로 다양하게 발전할 것입니다.

두한 추락 포에버21

2019년 말에 포에버21Forever21이란 패션 업체가 부도났다는 기사를 본 적이 있었습니다. 포에버21은 재미 교포 부부가 작은 의류점을 운영하다 키운 대형 패스트브랜드 회사입니다. 작은 가게에서 시작해 성공 신화를 쓴 기업이 왜 무너졌는지 자료를 찾아보니 원인이 복합적이었습니다. 여기에서는 그 가운데 포에버21의 물류와 공급망의 문제에 관해 살펴보겠습니다.

포에버21은 1981년 미국에 이민을 간 부부가 1984년 LA 자바 시장에 세운 의류점입니다. 부부는 패션에 관심이 높은 10대와 도시 거주 20~30대를 상대로 빠른 유행과 저렴한 가격을 무기로 의류를 판매했습니다. 부부의 판매 전략은 제대로 먹혔습니다. 1년에 두 개꼴로 지점을 낼 정도로 의류점은 폭발적으로 성장했습니다. 유명 패스트패션 브랜드와 견줄만큼이었습니다. 그 결과 해외 47개국에 800곳이 넘는 매장을 개장하고 미국에서 한때 의류시장 점유율 1위를 기록하는 등 세계적 패스트브랜드로 이름을 알렸습니다.

그러던 어느 날 포에버21은 쇠락하고 맙니다. 2020년 1월 21일 자《동아일보》의 〈디자인 전담팀 없이 감으로 승부… 더 이상 통하지 않았다〉 기사에 따르면, 2015년에 총 임직원 4만 3000명 규모에 연매출 44억 달러(4조 5000억 원~5조 원)로 정점을 찍은 뒤, 포에버21은 내리막길을 걷습니다. 몇 가지 문제가 차곡차곡 누적되었다가 터졌기 때문입니다.

먼저, 공급망관리 실패입니다. 포에버21은 다른 패스트브랜드와 마찬가지로 모든 진행 과정을 일괄 통합했습니다. 다만, 자라처럼 직접 제조하는 대신 의류 제조업체에 생산을 의뢰해서 이들이 생산한 제품을 저렴한 가격에 매입해서 판매했습니다. 전형적인 패스트브랜드의 경영 방식입니다.

값싼 제품을 빠르게 생산해서 파는 방식은 다른 업체도 모방할 수 있기 때문에 무엇보다 효율적인 공급망관리가 중요합니다. 특히나 포에버21은 품질이나 디자인에 대한 협력사 의존도가 높았던 탓에 협력사와의 관계가 중요했습니다. 결국 포에버21은 협력사가 생산한 옷을 저렴한 가격에 팔면서 문제가 생겼습니다. 포에버21은 납품 단가를 최대한 낮추려 했고 대금 지급을 지연하거나 납품한 제품을 사소한 문제를 들어 반품했으며 일부 제품에는 클

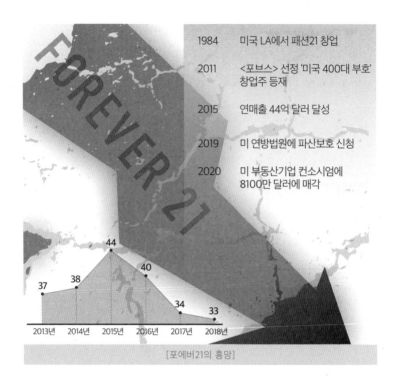

1984	미국 LA에서 패션21 창업
2011	<포브스> 선정 '미국 400대 부호' 창업주 등재
2015	연매출 44억 달러 달성
2019	미 연방법원에 파산보호 신청
2020	미 부동산기업 컨소시엄에 8100만 달러에 매각

[포에버21의 흥망]

레임을 걸어 납품 대금을 깎는 경우도 있었다고 합니다.

물론, 협력사와 포에버21 사이에 입장차도 있으니 모두 사실이라고 할 수는 없습니다. 그렇지만 표절 시비와 직원 처우에 대해 포에버21을 고발하는 다큐멘터리가 만들어지는 등 불매 운동이 있었던 걸 보면 협력사 대우에 분명 소홀함이 있었음을 알 수 있습니다. 처음엔 협력사도 오래 거래한 큰 고객이라 '얼굴 하루 이틀 본 것도 아니고' 했을 테지만 손실이 쌓이고 계약이 일방적이라고 여기면서는 하나둘 공급망을 이탈했을 것입니다.

협력사 이탈은 포에버21의 성장에 제동을 거는 계기가 되었습니다. 일시적으로는 제품 공급에 공백을 가져올 수 있습니다. 협력사를 바꾼다 해도 품질 안정화에는 시간이 필요합니다. 더욱이 대금 문제가 협력사 이탈의 원인이라면 실력 있는 새 협력사를 찾기도 어렵습니다. 거래를 지속하는 업체는 단가 인하 압력 탓에 구조조정과 저가 소재 사용 등의 무리수를 두게 됩니다. 이렇게 하면 단가 인하 압력에는 대응할 수 있겠지만 대규모 품질 불량 문제와 적자 발생에 직면할 수 있습니다.

실제로, 미국의 자동차 제조사인 제너럴모터스가 원가절감을 위해 납품을 원하는 협력사들에 경쟁 입찰에 참여하도록 해서 납품 단가를 깎은 적이 있습니다. 원가절감에는 성공했지만 기술력이 있거나 규모가 큰 업체는 제너럴모터스와의 거래를 꺼렸습니다. 결국 제너럴모터스는 미국 시장에서만 1100만 대의 리콜 명령을 2004년에 받았습니다. 현대기아차가 2018~2019년에 전 세계를 상대로 판매한 차량 대수가 연 700만 대인 걸 생각하면 수습한 게 이상할 정도로 큰 사태였습니다.

포에버21은 6년도 안 되는 짧은 기간 동안 매장이 있는 나라가 7개국에서 47개국으로 늘어났습니다. 매장 수도 815개로 급성장 했습니다. 그런데 815개 매장 가운데 미국을 뺀 46개국에 262개 매장이 있었습니다. 국가별 평균 매장 수는 6개도 되지 않은 셈입니다. 대량 구매에 한계가 생겨 가격 경쟁력을 내세울 수 없는 상황에 처한 것입니다. 여기에 업종을 불문하고 해외 시장 비중이 커지면 그만큼 관리 대상이 늘어나고, 이는 공급망관리와 품질 유지라는 어려운 숙제를 줍니다.

일례로 토요타는 2008년 해외 생산을 39.6퍼센트까지 늘리고 부품 현지 조달을 늘려 비용 절감을 시도했습니다. 각 협력사에는 30퍼센트의 단가 인하를 일률적으로 요청했습니다. 그러나 지나친 비용 절감으로 2001년 일본 국내에서 리콜한 차량이 4만~5만 대 수준이었지만, 2014년에는 프리우스 차종 190만 대를 리콜했습니다. 4000퍼센트가 넘는 살인적인 리콜 증가율이었습니다.

제너럴모터스와 토요타의 사례를 비춰보면, 포에버21 역시 무리한 확장과 공급망관리 실패가 맞물리면서 매출 감소에 따른 파산에 처한 듯합니다.

경쟁사인 유니클로만 해도 '타쿠미たくみ(장인, 목수, 조각사)'라고 부르는 직원을 협력사에 보내 협력사의 기술과 품질 관리를 도와 제품 경쟁력을 높이고 있습니다. 이와 달리, 포에버21은 가격 경쟁력만 중시했기 때문에 2010년대 들어 다른 패스트브랜드에 밀리기 시작했습니다. 게다가 '스낵컬처snack culture'라고 해서 마치 부담 없이 과자 한 봉지를 먹듯 더 빠르게 유행이 바뀌는 시대가 되었습니다. 이런 상황에서 온라인 기반 전자상거래 비중은 늘어났지만 포에버21은 오프라인 매장만 늘리는 실수를 했습니다. 매장 방문객이 줄어드는 데도 도심 번화가에 평균 1000평이 넘는 대형 매장을 운영해서 재고 관리와 자금 문제를 자초한 것입니다. 자기 부동산에 건물을

지어도 고정비용이 생기기 때문에 현금 흐름에 악영향을 미칩니다. 하물며 도심 번화가의 대형 매장은 임대료가 비쌀 수밖에 없으니, 돈이 이중으로 들어가게 마련입니다.

포에버21은 최소 재고 정책으로 재고 관리 비용의 증가에 대응했습니다. 그런데 이는 또 다른 부작용을 낳았습니다. 매일 400여 종의 신상품을 출시하고 매장에는 2000가지 이상의 상품을 진열했지만 실제로 인기 있는 상품은 20여 가지에 불과했습니다. 즉, 비인기 상품의 종류가 워낙 많았기 때문에 재고 과다로 자금 압박에 시달린 것입니다. 인기 상품은 재고가 부족해 매출을 높이는 데 한계를 보였습니다.

이런 이유로 장사는 안 되는데 나갈 돈은 많고 경쟁력마저 떨어지자 2019년에는 빚을 갚을 수 없는 상황에 처했습니다. 일부 점포 폐쇄와 인력 감축안 발표로도 수습이 안 되어 결국 파산 선언까지 한 것입니다. 아메리칸드림을 이룬 포에버21의 신화는 '영원한 21세를 위해'라는 그 이름처럼 영속하지 못했습니다. '포네버21Fornever21'이라는 비아냥을 들으며 무너지는 순간이었습니다.

포에버21은 사업 다각화와 온라인 스토어 운영 등 해결안을 찾았습니다. 그렇지만, 온라인몰의 매출 비중은 16퍼센트로 오프라인 거래 의존도가 여전히 너무 높았습니다. 1600만 명이 넘는 인스타 팔로워라는 큰 무형 자산이 있었지만 이를 고객 기호 파악 등에 제대로 활용하지 못했습니다. 포에버21만의 경쟁 무기가 있어야 했지만, 저가 정책만 고수하고 변화에 둔감한 오프라인 위주 판매에, 협력사와 공급망관리의 문제로 끝내 파산을 피하지는 못했습니다.

포에버21의 파산은 온라인으로 매출의 비중이 넘어가는 변화를 외면한 데 더해 물류와 공급망관리를 잘못한 사례입니다. 한편으로는 내실을 다지지 못한 상태에서 이뤄진 급성장은 문제를 불러온다는 사실을 새삼 보여주었습니다. 창업주의 딸이자 포에버 21의 부회장도 7개국에만 있던 매장을 47개국까지 확대하면서 문제가 생겼다고 말했습니다. 성장 과정에서 내실을 못 다진 사실을 인정한 발언입니다.

포에버21은 파산 2년 뒤인 2021년 중국 시장에 세번째로 진출했습니다. 원래 사업은 변수가 많아서 이 진출이 성공할지 아무도 장담할 수 없었습니다. 제아무리 준비를 철저히 해도 세상일이 생각한 대로 되는 게 아니기 때문에 확실한 건 아무것도 없습니다. 그런데 이번에는 제로 코로나 정책으로 인한 소비 위축으로 포에버21은 중국 시장에서 철수해야 했습니다. 이전의 두 차례 진출 때는 대형 오프라인 매장 운영에 주력하고 온라인 사업을 소홀히 해서 큰 낭패를 봤습니다만, 세 번째 진출에서는 코로나19가 발목을 잡은 것입니다. 이는 포에버21의 잘못이 아닙니다. 다른 패스트브랜드도 중국 시장에서 철수했기 때문에 앞서 두번의 실패와는 상황이 다릅니다. 앞으로 여건이 좋아져 네 번째로 중국 진출을 시도한다면 어떻게 될지 자못 궁금합니다. 포에버21이 어떤 정책을 펴느냐에 따라 성공 여부가 갈릴 것입니다.

잠깐!) 트럭 운송업의 우버, 콘보이

콘보이Convoy는 미국 화물 트럭 운송 시장의 문제점을 간파한 댄 루이스Dan Lewis가 세운 회사입니다. 콘보이는 화물 운송을 알선하는 플랫폼 역할을 수행하는 소프트웨어를 개발합니다. IT 개발이 가능한 우버Uber와 비슷한 모바일 플랫폼 회사이지요. 7년밖에 안 된 회사이지만 2019년에 3조 2000억 원(27억 5000만 달러)이 넘는 가치를 인정받았습니다.

미국 트럭 운송 시장은 2019년 한국의 수출액인 5242억 1000만 달러를 능가할 정도로 그 규모가 큽니다. 반면, 차량 한 대만 보유한 영세업체와 개인사업자가 전체 운송사의 40퍼센트를 넘습니다. 영세업체 차량은 업무 시간 가운데 3분의 1 가까이를 빈 차로 다닐 만큼 규모와 효율성에 문제가 많았습니다.

국토가 넓고 화물 트럭 물류 의존도가 높은 미국의 2019년 화물 트럭 운송 총 수익은 연간 7917억 달러(950조 원 이상)에 달합니다. 고등학생 때부터 트럭 운전을 하며 이 문제점을 접한 댄 루이스는 그랜트 굿데일Grant Gooddale이라는 아마존 시절 동료와 함께, 화주와 운송사를 연결하는 앱 운영사인 콘보이를 창업합니다. 초기에는 태평양 연안에 연고를 둔 운송사와 트럭 운전사를 고객으로 사업을 시작했지만 직원이 300명으로 열 배가 늘었고 고객이 1만여 곳에 달하는 전국구 업체로 자리 잡습니다.

콘보이는 누구도 나서지 않았던 트럭 운송을 개선하면서 주목받았습니다. 콘보이의 앱은 자동화 배차 시스템으로 매주 수천 건의 화물 운송을 처리하고 전화 배차보다 시간을 절약해줍니다. 즉, 고객이 원하는 것을 반영해 효율성과 표준성을 높여 성공할 수 있었습니다.

~~~~~~

과학기술의 발달로 1970년대에 만화책에서나 보았던 휴대용 전화기와 개인용 컴퓨터가 일상생활에서 없으면 안 되는 필수품으로 자리 잡았습니다. 자율주행 자동차도 등장해서 만화 속 장면이 더 이상 공상이 아닌 현실이 되었습니다. 교통과 통신수단의 발달은 제가 어릴 때 들었던 '지구촌'이라는 단어를 현실로 만들었습니다. 인력과 물자가 국경을 넘나드는 일이 쉬워지면서 상호 밀접도 또한 올라갔습니다.

이 덕분에 세계의 국가들은 생산의 상호의존도가 높아졌고, 공급망의 국제화와 무역 규모의 폭발적 증가를 경험하게 되었습니다. 물류의 중요성과 공급망의 연계성이 커진 것입니다. 역할 분담 차원에서 인건비가 낮은 국가에 생산기지를 세우는 일이 이젠 당연해졌습니다. 특히 저렴한 인건비로 풍부한 노동력을 확보할 수 있는 데다가 거대한 소비시장까지 가진 중국에 많은 기업과 국가가 투자를 아끼지 않고 있습니다.

1978년에 개혁개방의 총설계사 덩샤오핑鄧小平이 경제개발을 주도한 중국은 이제 세계의 공장으로 자리를 잡았습니다. 중국이 낮은 비용으로 다양한 제품을 생산한 덕에 세계는 오랫동안 인플레이션의 부작용을 피할 수 있었습니다. 그렇지만 코로나19 사태는 중국에 대한 의존도가 높은 현재 공급망에 대해 고민하게 만들었습니다. 뜻하지 않은 사태라지만 각국이 코로나 바이러스의 전파를 막기 위해 방역과 통관 체계를 강화하고 인원과 물자의 이동을 제한하자, 생산과 운송 활동에 차질이 생기면서 비용이 증가했기 때문입니다.

오스트레일리아에 살고 있는 고등학교 동창에게서 2022년 초에 전화가 왔습니다. 해상 운임이 폭증해서 한국에서 식료품을 수입해 오스트레일리아에 있는 한인 슈퍼마켓 등에 판매하는 업자들이 코로나19 사태 이후 휴업하는 경우가 늘었다고 했습니다. 물류비 폭증이 영향을 미친 사례입니다. 그만큼 공급망이 제대로 작동하지 못한다는 의미이기도 합니다.

자급 자족을 하던 중세에는 물자가 모자라면 참고 살든지 아니면 어떻게든 내부적으로 해결했을 겁니다. 하지만 자동차나 항공기처럼 부품 하나만 없어도 생산이 멈추는 제품을 만드는 현대에 와서는 물자의 외부 공급이 끊기면 날벼락을 맞을 수밖에 없습니다. 일례로, '하네스'라고 부르는 전선 뭉치를 중국에서 제대로 가져오지 못하게 되자 한국 자동차 회사들의 생산에 비상이 걸렸습니다. 또 중국이 '요소' 수출을 통제하자 한국에서는 화물 트럭 운송이 중단되어 물류 대란과 물자 품귀 현상을 발생할 수 있다며 소위 '요소수 대란'이 벌어졌습니다.

이처럼 중국에 대한 의존도는 물론 상호의존도가 높은 국제공급망 문제를 보완해야 할 필요성이 커졌습니다. 공급망을 구축할 때 따지던 '가격'이라는 기존 우선 순위에 변화가 일어난 것입니다. 물론, 많은 기업은 지금도 중국에 대한 공급망 연계가 높은 상태입니다. 그렇지만 코로나19 이후에는 인건비 줄일 생각에 저소득 국가나 세계의 공장인 중국에 생산기지를 세우는 대신, 위험 부담이 덜하고 소비시장이 있는 곳에 생산기지를 세우는 경향이 나타나고 있습니다. 또한, 낮은 인건비를 보고 생산기지를 세워도 위험을 분산하기 위해 인도나 베트남 등 신흥국에 투자하거나 중국 내 생산기지를 다른 국가로 옮기는 움직임도 보이고 있습니다.

게다가 2022년 2월에 발생한 러시아의 우크라이나 침공 사태로 공급망 문제는 더 커졌습니다. 네온을 비롯한 반도체용 가스 원료와 석유화학의 쌀인 나프타 등 각종 원부자재의 공급에 차질이 예상되었기 때문입니다. 외부와의 공급망 연계성이 강할수록 문제가 생길 가능성이 크다는 사실이 이 사태로 증명되었습니다.

이처럼 기존 공급망이 붕괴된 데다 미중 갈등으로 인한 무역 전쟁과 첨단장비 금수, 러시아-우크라이나 전쟁으로 인한 여파가 심각하다 보니, 공급망에는 '내재화'와 '블록화' 현상이 나타나고 있습니다. 탈중국 현상 역시 내재화와 블록화의 영향을 받은 사례 가운데 하나입니다.

한편으로, 일반인의 일상에 영향을 미치는 물류 부문의 변화도 있습니다. 많은 분이 공감할 변화는 온라인 구매와 배송이 늘었다는 점입니다. 특히, 한국은 인터넷이 잘 갖춰져 있고 스마트폰 또한 모든 국민이 가지고 있다고 할 수 있을 만큼 보급률이 높아 온라인과 모바일 기반 물품 구매와 배송 비중이 늘어났습니다.

비대면 구매가 늘어나자 백화점이나 대형 마트와 같은 오프라인 기반의 유통업체는 코로나 바이러스 탓에 소비자의 구매 심리가 나빠진 데다 휴업 등으로 코로나19 사태 초기에는 매출과 수익률이 모두 크게 위축했습니다. 그렇지만 누군가에게 위기인 것이 다른 누군가에게는 기회이듯이, 비대면 거래가 늘면서 자연히 전자상거래라고 부르는 이커머스 산업이 활기를 띠며 급성장하는 계기를 맞게 됩니다.

온라인 유통의 성장은 몇 가지 변화를 가져왔습니다. 바로 골판지와 드라이아이스 수요의 증가입니다. 쿠팡만 해도 실구매하는 고객이 2021년 1분기에만 전년도 1분기보다 273만 명이 늘었습니다. 단순 계산만 해도 1년이면 1000만 명 이상 고객이 늘 거라고 예상할 수 있습니다. 1인당 구매액도 전년도 1분기보다 44퍼센트 늘었기 때문에 구매 물량이 늘 것은 쉽게 가늠할 수 있습니다. 그만큼 화물 포장용 골판지 수요도 늘 것입니다.

비대면 상거래의 성장은 택배 물량 또한 증가시키며, 골판지는 금판지가 되었습니다. 2020년 11월 30일자 《한국경제》의 〈'귀한 몸' 된 골판지…연말 택배 쏟아지는데 박스가 없다〉란 기사에 따르면, 엎친 데 덮친 격으로 2020년 10월 12일에 7퍼센트$^{(3만 톤)}$의 국내 원지 시장점유율을 차지하고 있는 대양제지의 안산 공장에서 화재가 발생했습니다. 이 때문에 골판지 품귀 현상은 더욱 심해졌습니다. 2020년 11월에는 골판지 제작 업체 신안피앤씨에서도 화재가 발생했습니다. 이 여파로 2020년 8월 기준으로 골판지 원료인 원지 가격이 2020년 11월 이후부터 채 1년도 안 되는 사이에 40퍼센트나 올랐습니다. 골판지 원료인 원지, 중간재인 원단, 완성품인 골판지 상자까지 수직계열화한 업체들은 원부자재 조달이 덜 힘들었지만, 중소 제조사는 원단과 수출 화물용 골판지 상자를 수급하지 못해 매출을 포기하거나 수익성 악화를 감내해야 하는 상황을 겪었습니다.

이외에도 냉동·신선식품을 배송할 때 보냉제로 필요한 드라이아이스 수요 또한 급증했습니다. 물류산업과 다양한 제조업 분야가 이에 영향을 받았습니다. 코로나19 사태가 터지자 석유 공장들이 수급 조절을 위해 공장 가동을 줄였습니다. 이 때문에 에탄올 제조의 부산물인 액체탄산 생산이 감소되어 가격이 올랐습니다. 그런 데다 코로나19 사태가 커지면서 드라이아이스도 공급 부족을 겪고 있습니다.

드라이아이스 가격 상승은 드라이아이스 업체에는 영업이익 증

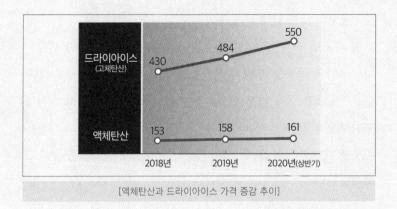

드라이아이스
(고체탄산)   430   484   550

액체탄산   153   158   161

2018년   2019년   2020년(상반기)

[액체탄산과 드라이아이스 가격 증감 추이]

가를 가져왔습니다. 하지만 전자상거래업체에는 드라이아이스 확보가 큰 과제가 되었습니다. 드라이아이스 가격이 오른 만큼 배송 원가가 증가하는 부작용도 일어났습니다. 결국, 드라이아이스 대신 아이스워터팩이나 페트병에 담긴 생수를 얼려 보냉제로 쓰는 등 다른 방법을 동원하는 형편입니다.

드라이아이스 수급 문제는 2022년에도 이어졌습니다. 대형 석유화학사가 2022년 3월부터 시설 정기 보수 작업을 시작한 데다, 여기에 맞춰 탄산 생산 기업들도 정제 시설을 정비하면서 드라이아이스의 원료인 액체탄산이 부족해졌기 때문입니다. 석유화학 시설은 정기적으로 보수 작업을 해야 하기 때문에 보수 기간 동안 생산이 중단됩니다. 여기에 코로나19 사태의 영향으로 신선식품과 냉동식품을 위한 드라이아이스의 수요가 증가해 액체탄산 부족 현상이 생기고 말았습니다. 그만큼 액체탄산 제조사나 드라이아이스 제조업체는 비싼 값에 판매가 가능했습니다.

전 세계로 퍼졌고 변이 바이러스까지 등장한 코로나19 사태는 지금까지 설명했듯 우리 일상생활의 많은 것을 바꿔놓았습니다. 물류산업에도 역시 많은 변화가 일어났습니다. 특히, 사회적 거리두기로 인한 비대면 상거래가 활성화되면서 생필품이나 식료품을 비롯해 다양한 품목을 배송하는 전자상거래업체의 배송 물량이 급증했습니다.

또한 여전히 세계의 모든 나라와 기업은 상호연관성을 가지고 있고 서로 의존합니다. 기술이 발달하면서 다양한 제품을 만들기 위해 다른 나라나 기업과의 연계는 필수입니다. 다른 나라와 담 쌓고 지낼 수 없는 게 현실입니다. 공급망에 일시적인 내재화와 블록화 경향이 나타나고 있지만 이런 점에서 국제성은 여전히 유효할 것입니다.

그런 만큼 물류의 중요성은 더욱 커지고 있습니다. 공급망 내의 개별 활동을 지원하는 물류는 공급망이 복잡해지거나 규모가 커질수록 그 중요도가 높아질 수밖에 없습니다. 설령 내재화나 블록화가 진행되더라도 물류 활동이 없어지는 것은 아닙니다. 바뀐 환경에서도 경제가 원활히 돌아갈 수 있도록 물품은 여전히 이동해야 하기 때문입니다.

코로나19 사태가 진정되어 엔데믹에 이르렀지만, 기술의 발달과 맞물려 일상생활에서 더 편한 것을 추구하려는 성향은 여전할 뿐더러 더욱 강해질 것입니다. 보다 편안하게 상품을 구매할 수 있도록 업체들은 더 치열하게 경쟁할 것입니다. 이런 소비자 욕구와 기업의 경쟁 속에서 물류의 역할은 더욱 중요해질 것입니다.

모쪼록 이 책을 통해 세상을 움직이는 핏줄, 물류의 중요성이 일반 대중에게 조금이라도 알려지기를 바랍니다.

1   방민영, <물류흐름>, 부산광역시, 2021. 8. 12.
    https://www.busan.go.kr/fishmarket/complexoper01.

2   컨설턴트Y, <SCM과 Logistics의 차이>, 《물류신문》, 2017. 9. 27.
    https://www.klnews.co.kr/news/articleView.html?idxno=116071.

3   정동권, <[변하는 농촌 , 희망을 찾아서-1부 시스템] (3) 생산이 끝이 아니다.
    유통·판매도 선진화>, 《국민일보》, 2009. 11. 12.
    http://news.kmib.co.kr/article/view.asp?arcid=0001487122.

4   <유통업이란?>, 《경북매일》, 2006. 9. 25.
    http://www.kbmaeil.com/news/articleView.html?idxno=100829.

5   김주현, <50년 전에도 전국 택배 있었다>, 《경향비즈》, 2010. 3. 22.
    http://biz.khan.co.kr/khan_art_view.html?artid=201003221753595&code=92010
    0#csidxfc80ae64bb1852bbfb4730976562951.

6   윤훈진, <소화물일관수송업을 기억하십니까?>, 《코리아쉬핑가제트》, 2006.
    12. 6.
    https://www.ksg.co.kr/news/news_print.jsp?bbsID=news&pNum=76213.

7   정유진, <중견 택배사 시장 생존 안간힘>, 《디지털타임스》, 2015. 1. 20.
    http://www.dt.co.kr/article_list.html?gcd=3&scd=300&ig=321289&sel_y=2015&
    sel_m=01&sel_d=20.

8   홍채린, <해외 여행 줄자 '직구' 껑충…150달러 넘으면 비과세?>, 《조세금융
    신문》, 2021. 3. 23.
    https://www.tfmedia.co.kr/news/article.html?no=101948.

9   원선웅, <[오토저널] 대형화물차 군집주행 연구 동향>, 《글로벌오토뉴스》,
    2021. 6. 17.
    http://global-autonews.com/bbs/board.php?bo_table=bd_035&wr_id=542.

10 김수혜, <일본이 세계에 날생선을 먹이기까지>, 《조선일보》, 2008. 1. 25.
    https://www.chosun.com/site/data/html_dir/2008/01/25/2008012501426.ht

ml.

11   김현민, <세계 역사 바꾼 컨테이너…1956년 말콤 맥린 개발>, 《아틀라스》,
     2019. 5. 12.
     http://www.atlasnews.co.kr/news/articleView.html?idxno=339.

12   권대영, <잘못 알려진 청국장의 역사>, 《식품외식경제》, 2018. 9. 20.
     https://www.foodbank.co.kr/news/articleView.html?idxno=55575.

13   박정배, <[음식의 계보][3] 순대…무엇을 품었니 고소한 순대야>, 《조선일
     보》, 2014. 2. 13.
     http://travel.chosun.com/site/data/html_dir/2014/02/12/2014021203134.html.

14   김종민, <[동영상] 전투식량에 이런 것도 있어? 직접 먹어보니…>, 《조선일
     보》, 2014. 5. 7.
     https://www.chosun.com/site/data/html_dir/2014/05/07/2014050702152.ht
     ml.

15   김강호, <'미숫가루' 알고보니 전투비상식량이었다?>, 《핸드메이커》, 2020.
     8. 6.
     http://www.handmk.com/news/articleView.html?idxno=10789.

16   <(시사경제용어)구상무역>, 《시사경제》, 2015. 6. 18.
     http://www.sisanews.kr/news/articleView.html?idxno=10164.

17   박홍수, <로비스트 탄생 시점은 미국의 '철도 전쟁'>, 《프레시안》, 2014. 1.
     26.
     https://www.pressian.com/pages/articles/113153#0DKU.

18   이종호, <제갈량 칠종칠금(七縱七擒)의 비밀④>, 《사이언스타임즈》, 2009.
     1. 9.
     https://www.sciencetimes.co.kr/news/%EC%A0%9C%EA%B0%88%EB%9F%
     89-%EC%B9%A0%EC%A2%85%EC%B9%A0%EA%B8%88%E4%B8%83%E7
     %B8%B1%E4%B8%83%E6%93%92%EC%9D%98-%EB%B9%84%EB%B0%80-
     %E2%91%A3.

     <목우유마와 창조경제>, 《경북일보》, 2014. 10. 14.
     https://www.kyongbuk.co.kr/news/articleView.html?idxno=668781&replyAll=&
     reply_sc_order_by=I.

19 Wei-chen LEE and I-min CHANG, 'US Aid and Taiwan', Asian Review of World Histories 2:1, January 2014. p52.
    https://www.koreascience.or.kr/article/JAKO201405262621090.pdf.

20 박재균·쉬진위, <타협과 실험의 공간으로서의 특구:대만가오슝 가공수출구를 사례로>, 《한국경제지리학회지》 제19권 2호, 2016, 176쪽.

21 문희화·하병기·이문형·유관영, <주요국의 무역흑자 전환기 정책연구>, 《연구보고서》 제474호, 산업연구원, 2001, 126쪽.

22 이은택, <TSMC 키운 대만… "국가 지켜주는 건 美무기 아닌 반도체">, 《동아일보》, 2022. 10. 11.
    https://www.donga.com/news/article/all/20221011/115887484/1.

23 박성훈, <반도체 기술 훔치면 간첩, 대만 중국발 유출 겨냥 '최대 12년 징역'>, 《중앙일보》, 2022. 2. 18.
    https://www.joongang.co.kr/article/25049332.

24 이은택, <TSMC 키운 대만… "국가 지켜주는 건 美무기 아닌 반도체">, 《동아일보》, 2022. 10. 11.
    https://www.donga.com/news/article/all/20221011/115887484/1.

〈[강갑생의 바퀴와 날개] 나폴레옹 때문에 철도 폭이 달라졌다고?〉, 강갑생·박춘환, 《중앙일보》, 2017. 12. 1. https://www.joongang.co.kr/article/22166198#home.

〈[곽인옥 교수의 평양워치(20)] 북한의 자생적인 시장경제 트로이 목마가 될 것인가?〉, 곽인옥, 《SDG뉴스》, 2019. 4. 9. http://www.sdgnews.net/news/articleView.html?idxno=25694.

〈[그때의 사회면] 슈퍼마켓과 도둑 감시원〉, 손성진, 《서울PN》, 2017. 12. 17. https://go.seoul.co.kr/news/newsView.php?id=20171218026003#csidx8f23dc85c712218b3fbd02bce48a09b.

〈[그땐 그랬지] 택배산업 ② 한국 택배산업의 지난 발자취(1)〉, 물류산업진흥재단 공식블로그, 2017. 12. 26. https://blog.naver.com/PostView.naver?blogId=klip2013&logNo=221171415793&categoryNo=29&parentCategoryNo=0&viewDate=&currentPage=2&postListTopCurrentPage=1&from=postView&userTopListOpen=true&userTopListCount=5&userTopListManageOpen=false&userTopListCurrentPage=2.

〈[그땐 그랬지]스틱 커피, 직장인의 활력소에서 카페의 구세주로〉, 김무연, 《이데일리》, 2020. 9. 5. https://news.nate.com/view/20200905n04940?mid=n0305.

〈'그레이오렌지', 일본 니토리홀딩스에 물류 로봇 공급〉, 정원영, 《로봇신문》, 2017. 12. 6. http://www.irobotnews.com/news/articleView.html?idxno=12433.

〈금 코인 골드바⋯편의점서 金 잘 팔리는 까닭〉, 김태성, 《매일경제》, 2021. 5. 24. https://www.mk.co.kr/news/business/view/2021/05/499400.

《다양성과 스피드로 세계를 제패한 자라 성공 스토리The Man from Zara》, 코바돈가 오셔 지음, 공민희 옮김, 더난출판사, 2013.

〈대규모 LNG선 수주 앞두고 선박 가격 꿈틀⋯ 국내 조선사 '미소'〉, 양성모, 《아주경제》, 2019. 12. 23. https://www.ajunews.com/view/20191223151020314.

〈[데스크 칼럼] 전쟁 속에서 태어난 Logistics〉, 《물류신문》, 2003. 4. 1. https://www.klnews.co.kr/news/articleView.html?idxno=75813.

〈도미노 피자, 자율주행차 이용해 피자 배달〉, 장길수, 《로봇신문》, 2021. 4. 13. https://www.irobotnews.com/news/articleView.html?idxno=24539.

〈도미노 피자, 피자 배달 로봇 공개〉, 정원영, 《로봇신문》, 2016. 3. 18. http://www.irobotnews.com/news/articleView.html?idxno=7106.

〈동아시아의 역사-타이완〉, 정재정, 《동북아역사넷》, 2011. 12. 15. http://contents.nahf.or.kr/item/item.do? levelId=edeah.d_0006_0030_0010_0030.

《로지스틱스 4.0ロジスティクス4.0》, 오즈노카 마사시 지음, 오시연 번역, 정연승 감수, 에밀, 2019. 11. 13.

〈마산자유무역지역 업그레이드하자(2) 대만 수출가공구는?〉, 김진호, 《경남신문》, 2008. 8. 12. http://www.knnews.co.kr/news/articleView.php?idxno=727030.

〈마피아가 지켜낸(?) 소비자 건강〉, 강지명, 《헬스컨슈머》, 2020. 6. 12. http://www.healthumer.com/news/articleView.html?idxno=3846.

〈美 1차·2차 세계대전 당시 전투식량으로 보급한 참치〉, 윤덕노, 《국방일보》, 2014. 11. 12. https://kookbang.dema.mil.kr/newsWeb/20141113/1/BBSMSTR_000000010347/view.do.

〈美 슈퍼마켓에서 '유추'한 도요타 생산방식〉, 〈인터비즈〉, 2018. 8. 29. https://blog.naver.com/businessinsight/221348175740.

〈[박정호의 창업실전강의]〈159〉신규 창업의 기회는 소비자들의 선입견 속에 숨어 있다〉, 박정호, 《전자신문》, 2021. 4. 11. https://m.etnews.com/20210409000040.

〈반박하고 주장하는 쿠팡⋯사과하고 설명하는 컬리〉, 안재광, 《한국경제》, 2020. 5. 31. https://www.hankyung.com/economy/article/2020053146631.

〈병자호란 때 청나라서 유입돼 '청국장'으로 불려〉, 김학민, 《농민신문》, 2018. 10. 24. https://www.nongmin.com/plan/PLN/SRS/300585/view?site_preference=normal.

〈北 '써비차'란 무엇인가?⋯주민경제의 '동맥'〉, 강미진, 《데일리엔케이》, 2010. 10. 26. https://www.dailynk.com/%E5%8C%97-%EC%8D%A8%EB%B9%84%EC%B0%A8%EB%9E%80-%EB%AC%B4%EC%97%87%EC%9D%B8%EA%B0%80%EC%A3%BC%EB%AF%BC%EA%B2%BD%EC%A0%9C%EC%9D%98-%EB%8F%99.

〈北경제발전 5개년 계획 문제점⋯전략 실패-비현실성〉, 곽인옥, 《SDG뉴스》, 2021. 3. 3. http://www.e-conomy.co.kr.

〈북한 '황금벌' 새 국영상점 등장⋯"위장된 개방" 해석도〉, 최원기, 《VOA》, 2015. 3. 14. https://www.voakorea.com/a/2679190.html.

〈북한 국가경제발전 5개년 계획 밑그림과 운송회사인 연운(連運)회사 분석〉, 곽인옥, 《브레이크뉴스》, 2021. 3. 2. https://breaknews.com/789179.

〈북한 시장화·분권화 정책의 발자취〉, 양문수, 《LG경제연구원》, 2001. 12. 19.

〈비스킷〉, 크라운. https://www.crown.co.kr/product/story_biscuit.asp.

〈비스킷과 스낵은 언제부터 먹기 시작했을까요?〉, 롯데웰푸드. https://www.lottewellfood.com/brand/sense/biscuit.

〈[생활물류] 참치 물류로 세계를 제패하다!〉, 이성우, 《월간 물류와 경영》, 2018. 7. 31. https://www.ksg.co.kr/bizlogistics/news/news_view.jsp?pNum=118620.

〈소비자 니드를 위한 한국형 SPA의 Fast Fashion〉, 장애란, 《한국생활과학회지》 제16권 제5호, 2007. 10.

〈소설가 성석제의 맛 이야기(3)신비로운 힘〈하〉〉, 성석제, 《농민신문》, 2017. 3. 15. https://www.nongmin.com/plan/PLN/SRS/93917/view?site_preference=normal.

〈속자생존시대…'속도에 미친 쿠팡' 10년 만에 100조〉, 노승욱, 《매경이코노미》, 2021. 4. 21. https://www.mk.co.kr/economy/view/2021/385583.

〈[수소 FCV전쟁②]美세계최대물류시장 "토요타·현대·GM vs 테슬라 다임러"의 싸움 시작됐다〉, 이호선, 《디지털 비즈온》, 2021. 1.18. http://digitalbizon.com/View.aspx?No=1417428.

〈시장화 바람 타고…평양에 택시·'써비차' 달린다〉, 노지원, 《한겨레》, 2019. 4. 24. https://www.hani.co.kr/arti/politics/defense/891236.html#csidxb50e1ce6c249cb89e125ca4c310046b.

〈新물류 혁신… 피자는 알고 있다〉, 이석원, 《슬로우뉴스》, 2017. 5. 26. https://slownews.kr/63994.

〈아듀20세기…57. 수퍼마켓 한국에 첫 등장〉, 박선이, 《조선일보》, 1999. 4. 4. https://www.chosun.com/site/data/html_dir/1999/04/04/1999040470231.html.

〈알 카포네, 美 우유 산업 개혁한 마피아…우유 수송 시스템·유통기한 제도 신설〉, 《BizEnter》, 2020. 1. 19. http://enter.etoday.co.kr/view/news_view.php?varAtcId=173662.

〈[엠디팩트] 한국판 소시지 '순대' … 당면 순대는 일제강점기 이후 '현대식 음식'〉, 현정석, 《동아일보》, 2015. 11. 30. https://www.donga.com/news/Life/article/all/20151130/75092510/2.

〈연매출 5조원의 한인신화 '포에버21'은 왜 영원하지 못했나〉, 윤신원, 《아시아경제》, 2019. 11. 29. https://www.asiae.co.kr/article/2019112816074858358.

〈영국 홍차문화를 열었던 포르투갈의 캐서린 공주〉, 백정림, 《여성조선》, 2020. 6. 30. http://woman.chosun.com/news/articleView.html?idxno=67450.

〈[오늘의 경제소사] 1930년 슈퍼마켓의 탄생〉, 권홍우, 《서울경제》, 2020. 8. 3. https://www.sedaily.com/NewsVIew/1Z6FQVKX6J.

〈왜 발효식품인가?-잃어버린 생활문화를 찾아서(28)〉, 김인술, 《식품음료신문》, 2021. 4. 20. https://www.thinkfood.co.kr/news/articleView.html?idxno=90823.

〈왜곡된 북한 인프라〉, 유승경, LG경제연구원, 1996. 11. 21.

〈우리나라 제과 산업의 역사〉, 정명교, 《식품과학과 산업》 제53권 제3호, 2020. 9. https://www.koreascience.or.kr/article/JAKO202027265524307.pdf.

〈[위대한결단-오노 다이이치] 도요타생산방식의 완성자〉, 《중소기업뉴스》, 2006. 2. 28. http://www.kbiznews.co.kr/news/articleView.html?idxno=10883.

〈[위대한결단-오카자키 아키라] 스시 이코노미의 창조자〉, 《중소기업뉴스》, 2020. 8. 18. http://www.kbiznews.co.kr/news/articleView.html?idxno=16354.

〈유니콘 키운 시애틀…美도시 성장률 1위〉, 이덕주·신수현·안병준·최희석·박의명, 《매일경제》, 2020. 1. 12. https://www.mk.co.kr/news/economy/view/2020/01/37841.

〈음식의 유래 … 바게트〉, 이종서, 《매일경제》, 2006. 12. 16. https://www.mk.co.kr/news/home/view/2006/12/547633.

〈[음식의 재발견 30선]〈29〉스시 이코노미〉, 황장석, 《동아일보》, 2008. 11. 20. https://www.donga.com/news/Culture/article/all/20081120/8660240/1.

〈[이규태 한국학] 간장…정성과 경험엔 해가 없으니〉, 이규태, 《조선일보》, 1996. 12. 18. https://www.chosun.com/site/data/html_dir/1996/12/18/1996121870085.html.

《인민이 사는 모습》, 서동익, 자료원, 1995. 4. 1.

〈[인터뷰] 강은채 〈동서배송운송 회장〉..서비스 특화로 승부〉, 최인한, 《한국경제》, 1997. 10. 20. https://www.hankyung.com/news/article/1997102003661.

〈日 강소 편의점 '세이코마트'의 반란…세븐일레븐·훼미리마트도 제쳐〉, 노정용, 《글로벌이코노믹》, 2018. 5.18. https://cmobile.g-enews.com/view.php?ud=20180518 1400175740e8b8a793f7_1&md=20180518173306_R.

〈[일본 리포트] 메이지 유신 150주년과 일본 정치〉, 유민호, 《월간중앙》, 2018. 2. 17. https://jmagazine.joins.com/monthly/view/320088.

〈일본 마지막 내전 세이난 전쟁 때 관군 전투식량〉, 윤덕노, 《국방일보》, 2014. 10.

1. https://kookbang.dema.mil.kr/newsWeb/20141002/1/BBSMSTR_000000010347/view.do.

〈'일본의 이케아' 니토리홀딩스, 34년 연속 성장 비결은?〉, 지민홍, 《한국경제》, 2021. 11. 10. https://www.hankyung.com/thepen/moneyist/article/202111097210Q.

〈日은 왜 우리 철도에 표준궤 깔았나…철로폭 '1435㎜'의 비밀 [뉴스원샷]〉, 강갑생, 《중앙일보》, 2021. 5. 23. https://n.news.naver.com/article/025/0003103582.

〈조세피난처 법인 85%는 실제 사업하는 해운업 SPC〉, 서욱진, 《한국경제》, 2013. 6. 4. https://www.hankyung.com/news/article/2013060460911.

〈중학 중퇴 옷가게 점원 세계 패스트 패션 황제로〉, 하정민, 《신동아》, 2013. 5. 22. https://shindonga.donga.com/3/all/13/112098/1.

〈[지평선] 참다랑어〉, 황상진, 《한국일보》, 2010. 3. 15. https://www.hankookilbo.com/News/Read/201003150043935449.

〈[차(茶) 이야기] 홍차와 영국의 애프터눈티 문화〉, 《매일경제》, 2014. 7. 14. https://www.mk.co.kr/news/business/view/2014/07/988681.

〈참치 유행의 주역은 일본 항공사〉, 윤덕노, 《비즈니스워치》, 2014. 10. 31. http://news.bizwatch.co.kr/article/opinion/2014/10/30/0042/Alliance%20of%20Valiant%20Arms.

〈책장 넘기며 꿀꺽…식탁 위 조선史〉, 김대욱, 《대전일보》, 2017. 10. 12. http://www.daejonilbo.com/news/newsitem.asp?pk_no=1281368.

〈[칭기즈칸의 길] 세계지배와 역사적 의미〉, 《동아일보》, 1997. 10. 27. https://www.donga.com/news/Inter/article/all/19971027/7294690/1.

〈[칼럼] "Logistics"와 "물류(物流)"라는 용어의 기원에 대하여〉, 민정웅, 인천항만공사, 2014. 7. 28. https://incheonport.tistory.com/1524.

《큰사람들의 이야기》, 윤승운, 불지사, 1995.

〈"태운 돈 회수 타이밍 왔다"…쿠팡, 4Q 흑자 이어가나〉, 정병묵, 《이데일리》, 2023. 2. 13. https://www.edaily.co.kr/news/read?newsId=02919206635510192&mediaCodeNo=257&OutLnkChk.

〈택배의 시작은 언제일까?〉, CJ대한통운, 2020. 1. 1. https://www.cjlogistics.com/ko/newsroom/latest/LT_00000086.

〈터키의 다양한 케밥〉, 백지원, 《월간식당》 314호, 2011. 5. 12. http://month.foodbank.co.kr/section/section_view.php?secIndex=2489&page=&section=002016.

〈[퇴근길 잡학사전]커피믹스는 언제부터 타 먹었을까?〉, 이현우, 《아시아경제》, 2018. 1. 22. https://www.asiae.co.kr/article/2018012216074673614.

〈파리바게뜨〉, 박진용, 《한국일보》, 2014. 7. 27. https://www.hankookilbo.com/News/Read/201407272073908654.

〈"편의점, 이젠 집·골드바도 판다"… 유 통채널 '경계 실종'〉, 맹하경, 《한국일보》, 2021. 1. 9. https://www.hankookilbo.com/News/Read/A2021010808080000640.

〈편의점에서 제조업으로 변신 세이코마트 [No.22]〉, 한일재단 일본경제연구센터, 일본기업 리포트, 2015.

〈평양시, '8월3일인민소비품' 생산…품질향상·제품 230여종 증가〉, 안윤석, 《서울평양뉴스》, 2020. 8. 3. https://www.spnews.co.kr/news/articleView.html?idxno=31212.

〈[푸드 히스토리아] 고양이도 외면하던 참치〉, 윤덕노, 《매경이코노미》, 2014. 12. 22. https://news.v.daum.net/v/20141222091105462?s=print_news.

〈韓経: 日本「温泉水も配達します」〉, 《중앙일보》(일본어판), 2020. 4. 14. https://japanese.joins.com/JArticle/264820?sectcode=A00&servcode=A00.

〈'한국의 아마존'이라더니…날개없이 추락하는 쿠팡 주가〉, 정열, 《연합뉴스》, 2021. 11. 20. https://www.yna.co.kr/view/AKR20211119123700501.

〈한때 성했던 '써비차' 코로나로 쇠퇴기… "사업자 50% 이상 줄어"〉, 장슬기, 《데일리엔케이》, 2021. 4. 12. https://www.dailynk.com/20210412-3.

〈'한인성공신화' 포에버 21의 추락과 몰락 '그 씁쓸함에 대하여'〉, 《선데이저널》, 2020. 2. 13. https://sundayjournalusa.com/2020/02/13/%ED%95%9C%EC%9D%B8-%EC%84%B1%EA%B3%B5-%EC%8B%A0%ED%99%94-%ED%8F%AC%EC%97%90%EB%B2%84-21%EC%9D%98-%EC%B6%94%EB%9D%BD%EA%B3%BC-%EB%AA%B0%EB%9D%BD-%EA%B7%B8-%EC%94%81%EC%93%B8/.

〈韓日 전자, IT 산업 투자 및 경영 현황〉, KEA조사분석센터, 2012. 6.

〈함께하는 교육 과거의 대표 통신수단 역참·파발〉, 김한종, 《한겨레》, 2004. 1. 18. http://legacy.www.hani.co.kr/section-005006002/2004/01/005006002200401181811246.html.

〈호르고스(Khorgos) 경제특구 정보〉, 주카자흐스탄 대한민국 대사관, 2012. 9. 25. https://overseas.mofa.go.kr/kz-ko/brd/m_9004/view.do? seq=949231.

〈홍차, 그 아름다운 탄생〉, 안연준, 《미디어조계사》, 2011. 3. 7. http://news.jogyesa.

kr/news/articleView.html?idxno=2649.

〈화물운송시장 선진화 방안〉, 국토해양부·한국교통연구원 공청회, 2008. 12. 12.

〈[황금개구리] vs [파발마] 택배시장서 격돌〉, 《물류매거진》, 1992. 8. http://www.ulogistics.co.kr/ulogistics/board.php?board=special&page=57&command=body&no=281.

〈[1930.08.04] 세계 첫 슈퍼마켓 뉴욕에 등장〉, 《중앙일보》, 2015. 9. 17. https://www.joongang.co.kr/article/20921879#home.

〈1천만원대 이동식 주택·150만원 '한우'···편의점 설 선물세트〉, 황희경, 《연합뉴스》, 2021. 1. 7. https://www.yna.co.kr/view/ AKR20210107049500030.

〈2019년 수출, 금융위기 이래 최대폭 하락했지만···〉, 한국무역협회, 2020. 1. 2. https://www.kita.net/cmmrcInfo/cmmrcNews/cmmrcNews/cmmrcNewsDetail.do?pageIndex=1&nIndex=56175&sSiteid=1.

〈'6·25전승 수훈甲은' 노무·지게부대〉, 정충신, 《문화일보》, 2015. 9. 30. http://www.munhwa.com/news/view.html?no=2015093001031430114001.

'A King Kullen timeline', David Reich-Hale and James T. Madore, *Newsday*, 2019. 1. 4. https://www.newsday.com/business/king-kullen-timeline-stop-shop-1.25523153.

〈[Case Study: 저성장 돌파한 日本기업 〈2〉니토리]싸다, 좋다, 새롭다··· 30년 연속 매출·순이익 늘려온 '니토리 신화'〉, 이부형·최원석, 《조선일보》, 2018. 1. 4. https://biz.chosun.com/site/data/html_dir/2017/12/29/2017122902005.html.

'Chipping away at the history of fish and chips', Caitlin Zaino, BBC, 2013. 4. 19. https://www.bbc.com/travel/article/20130409-chipping-away-at-the-history-of-fish-and-chips.

'Dominos is about to start delivering pizzas with autonomous robots'. Mike Murphy, *Quartz*, 2019. 6. 21. https://qz.com/1644476/nuro-will-deliver-dominos-pizzawith-its-robots-in-houston.

〈e커머스 주춤한데···'네이버·쿠팡'은 더 세졌다〉, 백주원, 《서울경제》, 2022. 12. 22. https://n.news.naver.com/article/011/0004136740.

'Forever 21 Goes Bust, Adding More Stores to Retail Apocalypse', Eliza Ronalds-Hannon and Lauren Coleman-Lochner, *Bloomberg*, 2019. 9. 30. https://www.supplychainbrain.com/articles/30275-forever-21-goes-bust-adding-more-stores-to-retail-apocalypse.

〈[Industry Review] 한진에서 시작한 택배 역사〉, 허정윤, 《전자신문》, 2010. 6. 1.
https://m.etnews.com/201005310029?SNS=00004.

Logistics and Supply Chain Management, Martin Christopher, FT Press, 2005.

〈SCM 혁신 없인 SPA도 없다〉, 민정웅·이영재, 《CLO Magazine》, 2015. 8. 1.
http://clomag.co.kr/article/1220.

'The History of Fish and Chips', Ellen Castelow, HISTORIC UK, 2015. 8. 21.
https://www.historic-uk.com/CultureUK/Fish-Chips.

'This self-driving delivery robot is coming soon to sidewalks', Matt McFarland,
The Washington Post, 2015. 11. 3. https://www.washingtonpost.com/news/
innovations/wp/2015/11/02/this-self-driving-delivery-robot-iscoming-soon-to-sidewalks.

〈[WEEKLY BIZ] 2주마다 새 패션, 세계를 정복하다〉, 이위재·유진우·배
정원, 《조선일보》, 2019. 6. 7. https://www.chosun.com/site/data/html_
dir/2019/06/06/2019060600954.html.